El viaje de Norma

TIM BAUERSCHMIDT ♡ RAMIE LIDDLE

El viaje de Norma

UNA FAMILIA LE DICE "SÍ" A LA VIDA

OCEANO

EL VIAJE DE NORMA
Una familia le dice "SÍ" a la vida

Título original: DRIVING MISS NORMA. One Family's Journey
Saying "YES" To Living

© 2017, Tim Bauerschmidt y Ramie Liddle

Publicado según acuerdo con Stephanie Tade Agency
and International Editors' Co.

Traducción: Pilar Carril

Diseño de portada: © HarperCollins
Imagen de fondo en portada y contraportada: Jorik / Shutterstock
Fotografía de los autores: Steve Simpson
El resto de las fotografías: Ramie Liddle
Mapa de las páginas 8 y 9: David Lindroth Inc.

D. R. © 2017, Editorial Océano de México, S.A. de C.V.
Eugenio Sue 55, Col. Polanco Chapultepec
C.P. 11560, Miguel Hidalgo, Ciudad de México
Tel. (55) 9178 5100 • info@oceano.com.mx

Primera edición: 2017

ISBN: 978-607-527-360-0

Impreso en México / Printed in Mexico

Para mamá, papá y Pinky

Índice

Prólogo: nuestro hogar

BAJA CALIFORNIA, MÉXICO
FEBRERO

[TIM]

Para los nómadas como nosotros, "hogar" es un término relativo, y el nuestro está en un lugar remoto en una franja de playa, entre la roca volcánica escarpada de las aguas azules del Mar de Cortés en Baja California, México. Todos los inviernos, en este lugar especial del planeta Tierra, desenganchamos nuestra casa rodante de casi seis metros de largo y descansamos un tiempo.

Una bella mañana de finales de febrero embarcamos muy temprano. Ringo, nuestro poodle gigante de 33 kilogramos, iba sentado al frente del bote de mi esposa, Ramie, y los delfines, juguetones, lo incitaban a saltar por la borda. El sol saliente iluminaba el vapor que salía de sus espiráculos y llenaba el aire de una serenidad que me dejaba sin aliento. Podía saborear en los labios el agua salada de sus exhalaciones. Las águilas pescadoras y los piqueros de patas azules se lanzaban en picada para atrapar su desayuno, en tanto que un tiburón ballena filtraba plancton mientras pasaba por debajo de nuestra borda. Por fin, el sol apareció sobre las montañas y la Bahía Concepción se tiñó de un matiz dorado brillante y cristalino.

Más tarde, mientras nos mecíamos en el agua con unos amigos, habitantes de la playa, que también habían tomado un descanso de los remos, nuestros músculos y espíritus se relajaron y la conversación se volvió filosófica. Salió a colación el tema del envejecimiento, en particular el de nuestros padres. Todos planteamos hipótesis sobre lo que haríamos y cómo lo manejaríamos, hicimos planes e imaginamos un futuro muy, muy lejano.

¿Qué haríamos Ramie y yo si su madre, Jan, que vivía en el oeste de Pennsylvania, o mis padres, Leo y Norma, en el norte de Michigan, ya no pudieran valerse por sí mismos? ¿Cuándo era momento de intervenir en nombre de nuestros padres y cómo? ¿Qué centro de cuidados era apropiado? ¿Qué indicaciones médicas tendrían? ¿Cuáles serían sus esperanzas y sus temores? Era probable que la madre de Ramie, tan sociable y ávida jugadora de bridge, se sintiera muy a gusto en una residencia de ancianos que ofreciera asistencia para la vida diaria. Sin embargo, mis padres, que prácticamente vivían a la intemperie en su jardín y cuyas vidas eran tan predecibles y establecidas, de seguro sufrirían en un lugar así.

En general, los terrenos abiertos y los padres envejecidos no combinan, razón por la que yo siempre había supuesto que mi hermana menor, Stacy, sería quien se ocuparía de ellos al final. Pero Stacy, mi única hermana, había muerto de cáncer hacía ocho años.

—Bueno —concluyó Ramie—, no tenemos que resolverlo todo, al menos no hoy. Tenemos tiempo. Todos están sanos todavía. Por ahora, limitémonos a disfrutar del momento.

Hice a un lado mis temores y preguntas para disfrutar del momento, confiando en que tendría tiempo, esperando que en verdad lo tuviera.

* * *

No siempre habíamos vivido viajando de un lado a otro, aunque creo que, de un modo u otro, este estilo de vida sencillo, desprendido, siempre nos había atraído. Cuando Ramie y yo nos conocimos, calculamos que, entre los dos, habíamos vivido en catorce estados diferentes. Pensamos que fue simplemente coincidencia que hubiéramos llegado al mismo lugar, al mismo tiempo, el día que nos conocimos.

Yo era constructor autodidacta que conducía una vieja camioneta de carga por todo el país y remodelaba casas; Ramie era consultora de una organización sin fines de lucro y antes había trabajado en cruceros y centros turísticos para mantener su pasión por los viajes. Los dos habíamos perdido familiares cercanos cuando éramos muy jóvenes. Como ambos sabíamos lo que era el sufrimiento, estábamos conscientes de que queríamos vivir en busca de algo con sentido y no de un sueldo. Anhelábamos llevar una vida apartada de los caminos trillados, libres de bienes materiales, responsabilidades financieras, incluso de exigencias familiares.

Nuestras vidas cambiaron para siempre el día que la hermana de Ramie, Sandy, llamó de Maryland para ofrecernos una vieja casa rodante. Nos hallábamos en Colorado, a casi dos mil millas de distancia y no teníamos un vehículo para remolcarlo, pero definitivamente nos interesó. En una camioneta de carga que nos prestaron, fuimos al oeste a ver nuestro premio. Yo tenía cuarenta y cinco años, y tanto Ramie como yo empezábamos a cansarnos de levantar tiendas de campaña y dormir en el suelo. La perspectiva de descansar nuestras cabezas en la comodidad de un vehículo era un sueño hecho realidad.

El remolque era viejo, pero estaba recién tapizado, tenía una cocina pequeña y un inodoro que funcionaba. Pasé la mano por el maltratado exterior de aluminio, azotado por la naturaleza y cálido por estar inmóvil bajo el sol de julio; sus curvas icónicas despertaron una sensación de expectación en mí.

—Va a ser fantástico —le comenté a Ramie.

Aprovechamos el trayecto de regreso a Colorado como viaje de prueba. La decisión más importante que debíamos tomar cada día era dónde estacionarnos a pasar la noche. Nos desarrollábamos y expandíamos hacia nuevas libertades.

A nuestro regreso, Ramie cambió su amado convertible por una camioneta pickup rojo brillante con equipo para remolcar y partimos para descubrir un nuevo estilo de vida. Usábamos el remolque en cada oportunidad que se nos presentaba.

Sólo se necesitó un invierno inclemente como nómadas para convencernos de buscar climas más templados durante esos oscuros meses de días cortos y noches largas. Estábamos arreglando una vieja cabaña de pescador en el norte de Michigan, cerca de la casa de mis padres, que queríamos usar sólo durante el verano. Por más leña que pusimos en la estufa aherrumbrada y deteriorada por el paso del tiempo, la cabaña perdía calor en cuestión de horas, ya que no había aislamiento en las paredes o el techo. Por la noche, acurrucados, nosotros dos y el perro que teníamos en ese entonces, un pastor alemán llamado Jack, temblábamos de frío en nuestra cama. Me sorprendí soñando con la bella y soleada playa donde había acampado algunas veces desde mediados de la década de 1990. Fue entonces cuando decidimos establecer nuestro destino invernal en la península de Baja California, México.

Durante nuestra primera temporada, aprendimos el estilo de vida sin electricidad en un vehículo recreativo. Dependíamos de un pequeño panel solar para mantener nuestra batería activa y también ahorrar en el consumo de energía. Los amperes, los watts y otros términos eléctricos de pronto empezaron a tener importancia en nuestras vidas, una lección que aprendimos a la mala cuando nuestras luces titilaron una noche y nos dimos cuenta de que estábamos a punto de quedarnos sin corriente.

Además, el ahorro de agua se volvió más importante que nunca, ya que había que transportar el agua dulce desde una pequeña aldea de pescadores que quedaba a media hora de distancia hacia el norte. No había vertedero para nuestras aguas residuales, por lo que dependíamos de las letrinas cavadas a mano en la arena de la playa. Nos duchábamos con una bolsa solar en una pequeña cabina improvisada a la intemperie que elaboramos con un aro de hula-hula y una cortina de ducha apoyada sobre una puerta abierta de la camioneta.

A pesar de la falta de servicios, Baja era un imán para una multitud de personalidades de todo el mundo, gente como Jelle y Deb, marineros y cantantes de música folk de Canadá. Para ellos, el hogar en el verano es un velero anclado en Maple Bay, frente a la isla de Vancouver. Pasan los inviernos en las playas de Baja California en un remolque rodante de casi cuatro metros de largo, sin baño. Chris y Bessy, programadores informáticos jubilados que en alguna época vivieron en Sudáfrica, ahora dividían su tiempo entre el norte de Nueva York, San Francisco y Baja California. Estaba "Santa Wayne", el imitador de Santa Claus más querido de British Columbia. Él llegaba a la playa hasta después de Navidad, por razones obvias. ¿Y quién podría olvidar a Pedro, el singular maestro de ceremonias de espectáculos ecuestres internacionales y a Janet, su esposa, una entrenadora holandesa de caballos? Pedro no dejaba atrás su estilo extravagante sólo porque se hallaba en la playa. Estos visitantes asiduos, que regresaban año tras año, eran principalmente norteamericanos, pero muchos otros viajeros extranjeros llegaban desde el interior de

México en el transbordador que salía de La Paz, situado mucho más al sur.

Nuestros días siempre comenzaban con un paseo matutino en kayak alrededor de la isla más cercana, situada a poco más de un kilómetro y medio de la costa. Dejábamos los remos y flotábamos en espera de que el sol saliera sobre la montañosa península que formaba la bahía, regocijándonos en la quietud de la mañana, antes de volver a la orilla. Tomábamos un desayuno rápido de yogur con fresas cultivadas en la zona, para luego unirnos a un grupo que hacía una caminata de casi cinco kilómetros cuesta arriba, luego bajábamos por un sendero árido y sinuoso de vuelta a la bahía. Después de enterarnos de los chismes locales, de camino a nuestro remolque, decidíamos qué más hacer ese día: surf de remo, nadar, dar una caminata más larga o quizá visitar a viejos y nuevos amigos.

Todos evitábamos hablar de política y religión, y nos absteníamos de oír las noticias del mundo exterior, aunque sólo fuera durante los cuatro o cinco meses de invierno de cada año. Nos identificábamos con los moradores de la playa que tenían ideas afines a las nuestras. Aunque tanto a Ramie como a mí nos había resultado difícil mantener amistades en los numerosos pueblos y vecindarios en los que habíamos vivido, aquí era diferente: no había tránsito ni noticias ni un reloj que mirar, la gente podía dedicarse a estar con la tierra, con los demás y consigo misma. Sentíamos que verdaderamente éste era nuestro lugar.

Durante dos de los tres años que tuvimos la cabaña del lago, pasamos los inviernos en nuestra media luna de arena, de ochocientos metros, en Baja California. Cuando vendimos la cabaña, compramos una casa rodante más grande y pasamos el siguiente invierno en Florida, mientras Ramie obtenía su título de posgrado como orientadora escolar. Viajamos a

Colorado para que hiciera su pasantía y luego nos asentamos en Prescott, Arizona, donde vivimos en nuestra casa rodante hasta que encontramos una casa para remodelar.

Aunque la casa rodante más grande era más adecuada para vivir, nosotros preferíamos viajar, explorar y sentirnos más cerca del mundo natural. Sin embargo, nos habíamos visto obligados a pasar más tiempo en casa porque era demasiado esfuerzo remolcar semejante armatoste para desplazarnos a cualquier lado. Ramie y yo comprendimos el problema y decidimos limitarnos a una casa Airstream Bambi de casi seis metros de largo. Esto nos funcionó mejor y empezamos a realizar viajes que duraban meses, por lo general en "temporada baja" cuando los niños tenían clases y las familias casi siempre se quedaban en casa. Había menos gente en los parques nacionales y otras atracciones turísticas durante ese periodo. Nuestros viajes por carretera, ahora con nuestro nuevo cachorro Ringo, se volvieron cada vez más largos; duraban todo el verano, seis meses o, en ocasiones, todavía más.

Estábamos fuera tanto tiempo que nuestra casa de Arizona estaba vacía casi siempre. Cuando Ramie trabajaba, viajábamos durante las vacaciones escolares por la región suroeste y explorábamos lugares como el extremo norte del Gran Cañón, el Valle de la Muerte y los parques nacionales de Cañón Bryce y Zion. En los veranos, visitábamos amigos en Tennessee y Carolina del Norte, y pasábamos a ver a Sandy, la responsable de todo, en el sur de Maryland. El norte de Michigan siempre era una escala obligada cuando regresábamos al este.

En 2011, durante un año sabático, recorrimos el país de costa a costa y de sur a norte. Salimos de Arizona y nos dirigimos al norte a través de la Gran Cuenca, en Nevada, pasando por las Montañas de Sawtooth, en Idaho, y el Parque Nacional de los Glaciares, en Montana. De ahí, continuamos hacia el oeste y seguimos por la costa de Oregon hacia el sur, por la autopista costera de California hasta que llegamos a la frontera con México. Después de pasar el invierno en Baja California, pasamos la primavera y el verano viajando hacia el este a través de los estados sureños y continuando hacia el norte, hasta Maine, antes de regresar a Arizona.

Nos fascinó acomodar nuestro pequeño Bambi entre los peñascos del Parque Nacional de Los Arcos, en Utah, y salir a caminar por la mañana, muy temprano, antes de que llegaran las multitudes y el calor; o estacionarnos en una aislada arboleda de secuoyas, en el norte de California, y dormir bajo las frondas milenarias y las estrellas todavía más arcaicas.

Hacíamos amigos en algunas paradas populares y nos dirigíamos a donde vivían nuestros amigos de Baja California.

En Avery, California, nos quedamos en el terreno de John y Lori, en lo alto de la Sierra Nevada, luego nos estacionamos en un llano en el cañón contiguo a Love Creek.

Una ocasión llegamos durante la temporada de cosecha de manzanas, así que nos arremangamos las camisas y ayudamos a procesar más de noventa kilos de manzanas a la antigua: con un pesado molino de hierro forjado y una prensa de madera, antes de filtrar y envasar el dulce jugo en las botellas.

Un Domingo de Pascua regresamos a Arizona, pero como habíamos alquilado nuestra casa en Prescott, nos estacionamos en el rancho de quince hectáreas de nuestra amiga Kasie, en Williamson Valley. Por la mañana de ese domingo, Kasie fue a buscarnos a nuestra casa rodante y nos pidió ayuda. Para nuestra gran sorpresa, nuestra llegada coincidió con la temporada de apareamiento de su magnífico garañón, Morgan; y antes de darnos cuenta, estábamos ayudando a armar, poner en funcionamiento y regular la temperatura de una flamante vulva equina artificial.

Nos esforzábamos por ser más accesibles y nos volvimos más sensibles con nosotros mismos y con quienes encontrábamos en el camino. En realidad, no teníamos más remedio; organizar nuestro viaje en torno a paraderos gratuitos (que nuestro GPS a veces no podía localizar) y sufrir retrasos en poblados pequeños (ya fuera debido a un desfile, maratón o construcción de una carretera) exigían una mentalidad abierta y un espíritu libre. Además, teníamos el catálogo de cosas que inevitablemente olvidábamos en casa, lo que nos obligaba a idear soluciones innovadoras para realizar ciertas tareas. Sin olvidar nuestros encuentros con crías de coyote, alces, osos, mariposas migrantes y una mujer de tacones altos que paseaba a su cerdo por el circuito del campamento y llevaba puesto un suéter con un logotipo que hacía juego con el que llevaba el cerdo. Por más experto y conocedor que uno sea o cuántos planes haga, viajar enseña a esperar lo inesperado, a aceptarlo y seguir adelante.

Por supuesto, la carretera nos cansaba, pero para nosotros valía la pena. Aceptar planes ridículos, que con frecuencia había que interrumpir, significaba que también estábamos abiertos a vivir experiencias que, de lo contrario, habríamos pasado por alto. Algunas noches nos despertaba el ruido de los salmones desovando a unos metros de la ventana de nuestro dormitorio; otras nos hallábamos a medianoche remando en una balsa, todavía energizados por la vista de la luna llena. Los planes de viaje frustrados implicaban que podíamos pasar otro día sintiendo la levedad y pequeñez de nuestro ser, bajo la enorme extensión del firmamento azul oscuro del oeste estadunidense. Las salidas espontáneas a comprar víveres nos hacían sentir alocados e infantiles, e inspiraban a Ramie a pararse en el tubo de un carrito de compras lleno de comestibles mientras yo la empujaba a toda velocidad por el pasillo hasta llegar a nuestro remolque en el estacionamiento; en su risa había un dejo de alegría pura.

La vida en la carretera era sencilla y disfrutábamos de una libertad que Ramie y yo considerábamos un antídoto a la angustia existencial de la vida moderna. Cuanto menos poseíamos y cuanto menos debíamos, tanto menos preocupados estábamos. Despertar y dormir no de acuerdo con un reloj, sino con la salida y la puesta del sol; salir a caminar, jugar, leer y comer según nuestro propio ritmo, era y sigue siendo lo mejor de nuestra vida nómada.

Éramos como los juncos que mece el viento, vivíamos libres y viajábamos con pocas cosas; con Baja California como nuestra luz y guía. La imprevista adquisición de la casa rodante nos había salvado la vida o, mejor dicho, nos había enseñado a vivir verdaderamente: con nuestros ojos y corazones abiertos a todo lo que la vida nos ofrecía.

* * *

Ramie y yo habíamos tenido quince oportunidades de hablar con mis padres respecto a sus deseos. Ésa es la cantidad de veces que Ramie me había acompañado a mi peregrinación anual a su casa, en una zona rural de Michigan. El primer año, ella fue conmigo; mamá y papá tenían unos setenta y cinco años, quizás eran un poco jóvenes para hablar sobre el tema. La verdad, nunca se nos ocurrió. A fin de cuentas, todavía eran autosuficientes y llenos de energía. Sin embargo, conforme envejecieron y pasaron de los ochenta años, empecé a notar un cambio en sus habilidades. Se movían más despacio. Mamá ya no podía bajar las escaleras al sótano, por lo que papá tenía que encargarse de lavar la ropa. Para mamá, se volvió un fastidio preparar comidas saludables. Ir por la correspondencia al buzón que tenían al otro lado de la calle se volvió una tarea muy pesada para papá. No obstante, seguían al pie del cañón.

Hacíamos lo posible por ayudarlos durante el tiempo que estábamos de visita. Yo trabajaba en el postergado mantenimiento de la casa, mientras Ramie arreglaba el jardín. Quité las alfombras sueltas e instalé detectores de humo y monóxido de carbono. Instalé barandales y barras de apoyo. Preparé cenas que podrían durar un año y las congelé en el frigorífico vertical que subí del sótano. Hice todo, excepto tener "esa conversación" con ellos.

* * *

Nuestros días en Baja California estaban llegando a su fin, ya teníamos encima la temporada primaveral de regreso. Algunos amigos habían empacado y se habían marchado. Aquellos a quienes las despedidas los hacían sentir incómodos, por lo general se iban a hurtadillas y sin decir nada; otros oían a Pedro tocar su corneta para luego marcharse como si estuvieran en un desfile. Cada partida era tan única como las personas que acampaban en nuestra comunidad.

En pocas semanas, que pasarían volando, Ramie y yo comenzaríamos a empacar también. Enjuagaríamos nuestros juguetes de playa para quitarles la sal, los colocaríamos y los ataríamos en el maletero del techo. Quitaríamos la hamaca de la palapa y plegaríamos la tienda de acampar para guardarla en su bolsa. Barreríamos y limpiaríamos la arena del remolque y la camioneta lo mejor posible, a sabiendas que era imposible dejarla toda atrás.

Entonces, viajaríamos hacia el norte por la autopista 1 de México; a través de la península montañosa, por los viñedos de Baja California, hasta la frontera con Estados Unidos, en Tecate.

Ahí daba inicio nuestro largo viaje de más de ocho mil kilómetros rumbo al este; atravesaríamos el país, mientras visitábamos a amigos y familiares y, finalmente, llegaríamos una vez más al extremo norte de Michigan para ver a mis padres. Aunque no teníamos ni la más remota idea, nos esperaba un duro despertar.

Capítulo 1. Prioridades

La vida es frágil. Todos lo decimos, pero esta verdad casi nunca se transmite de nuestra mente a nuestro corazón. Damos por sentado que las personas estarán ahí, ignoramos los dolores y las penas, no decimos las cosas que debemos decir y las dejamos para después.

Lo que Tim y yo siempre estábamos posponiendo era esto: hablar con sus padres sobre la vejez, en especial sobre cómo deseaban vivir el final de sus vidas. ¿Por qué era tan difícil tocar ese tema? ¿Por qué siempre nos acobardábamos y las preguntas que queríamos hacer se nos quedaban atoradas en la garganta? ¿Qué haríamos cuando llegara ese momento y no tuviéramos más remedio que enfrentar su mortalidad y la nuestra? ¿Acaso había algún modo de decir que sí a la vida a pesar de mirar cara a cara a la muerte?

Con la firme resolución de abordar algunas de estas preguntas, nos detuvimos en la entrada de la casa de mis suegros en Presque Isle, Michigan, para nuestra visita anual. Estábamos determinados a que éste fuera el año en el cual por fin encontraríamos la fuerza para hablar del tema, pero, como ocurre tan seguido, la crisis nos golpeó antes de que pudiéramos hablar de nada.

La madre de Tim, Norma, por lo general salía a recibirnos y nos contaba qué tipo de galletas nos había preparado. Leo, el padre de Tim, a menudo nos ayudaba a estacionar el remolque. Pero durante todo el tiempo que tardamos, dando marcha atrás sobre el camino de asfalto de la entrada, ninguno de los dos salió de su pequeña casa de ladrillos.

No necesitábamos decir nada, pero ambos estábamos preocupados.

Caminamos rápido, subimos los pocos escalones que conducían a la entrada lateral, abrimos la puerta, pasamos por el recibidor y llegamos a la cocina. Algo se estaba quemando.

Y algo andaba mal, muy, pero muy mal.

—¿Mamá? ¿Papá?

Nadie respondió.

Tim apagó el horno sin mirar siquiera qué había dentro.

Uno de los numerosos relojes de Leo empezó a tocar las campanillas, fuera de sincronía con el tiempo real; y luego otro y otro. El reloj de pared, al que Leo le daba cuerda meticulosamente todos los domingos, estaba detenido. En la sala se oía el ruido de una carrera de Nascar que transmitían por televisión, pero los sillones donde Leo y Norma se sentaban estaban vacíos. Nos dirigimos a la parte posterior de la casa.

Ahí fue cuando los vimos en el pasillo: estaban saliendo del baño y caminaban hacia nosotros.

A primera vista, nada parecía fuera de lugar, pero entonces nos dimos cuenta de que Leo iba encorvado, había pasado el brazo por el hombro de Norma para apoyarse y tenía el rostro crispado por el dolor. Mi suegra, que es muy menuda, se esforzaba por sostenerlo y equilibrarse con un bastón en la mano izquierda.

Caminaron muy despacio hacia nosotros. A cada paso, Leo gritaba, sin percatarse de nuestra presencia.

Corrimos hacia ellos. Tim pasó el brazo alrededor de él. Yo hice lo mismo con Norma.

—Mamá, ¿qué pasó?

—Papá, háblame. ¿Qué ocurre?

—¿Cuándo pasó esto?

—¡Cuidado con la alfombra! ¡Levanta los pies!

—Sujétate de mí.

—Papá, te tengo.

—Todo va a salir bien.

—Vamos a llevarte a tu sillón.

Leo gemía y hacía muecas de dolor, pero así lo llevamos, casi a rastras, a la sala. Sin perder tiempo, senté a Norma en su sillón, pero necesitamos mucho más tiempo y esfuerzo para sentar a Leo en el suyo. Otro reloj sonó cuando no debía. El televisor continuó emitiendo ruidos. Tomé el control remoto del televisor y como me resultaba desconocido busqué el botón de silencio. Por fin, logré apagarlo.

Leo, que normalmente era un hombre feliz y jovial, se quejaba y, en ocasiones, aullaba. Le llevamos almohadas y lo ayudamos a cambiar de posición, pero nada alivió el dolor atroz que sentía. Tim y Norma fueron a la cocina, donde charlaron en voz baja. Me quedé cerca de Leo, esperando, contra toda perspectiva, encontrar la forma de hacerlo sentir cómodo.

Leo levantó la vista y dijo:

—Estoy muy jodido.

En todos los años que llevaba de conocerlo, nunca había utilizado ese tipo de lenguaje en mi presencia. Esas pocas palabras me dijeron todo lo que necesitaba saber.

Cuando Tim volvió de la cocina, me contó que había revisado el horno y había encontrado una pieza pequeña de pollo,

sin sazonar, y dos papas secas en una bandeja de papel aluminio. ¿Eso era todo lo que iban a cenar?

Sentí un nudo de angustia en el pecho. Esto no había terminado ni mucho menos; acababa de empezar.

* * *

Meses antes de nuestra visita, nuestra decisión diaria más importante era si debíamos remar en nuestras tablas de surf o en
nuestros kayaks, ir a nadar... o hacer las tres cosas. Cada día,
el sol calentaba y bronceaba nuestra piel, y nuestros compañeros afectuosos, el paisaje impresionante, los mariscos frescos y la música de mariachi se habían confabulado para que
cada día fuera perfecto.

Cuando salimos de México esa primavera, cruzamos hacia Estados Unidos por California y luego nos dirigimos al
este, a Tennessee; nos quedábamos en los estacionamientos
de una cadena de restaurantes Cracker Barrel y en los Walmart. De camino, llamábamos de vez en cuando para preguntar cómo estaban Norma y Leo. Jamás mencionaron que
necesitaran apoyo, aunque es probable que no pidieran ayuda,
incluso si la necesitaban; y nosotros nunca insistimos. Como
decía Tim: "Que no haya noticias es una buena noticia".

Luego de un tiempo, llegamos a Carolina del Norte y nos
quedamos con nuestros amigos Caroline y Roland en su hermosa granja de casi quince hectáreas, en la que había jardines
asombrosos, caballos pastando y varias edificaciones anexas.
A Ringo le encantaba correr por toda la finca con los dos perros
residentes. Yo tenía fiebre desde hacía varios días y me sentía
muy mal; estaba buscando algo, lo que fuera, que me hiciera
olvidar lo enferma que me sentía. Por consiguiente, mientras

los demás disfrutaban de su mutua compañía, decidí quedarme en cama con un libro.

Varios de los anexos de la granja albergaban bibliotecas y en ellas había estantes de libros que iban de piso a techo; tenía miles de opciones para elegir. Me sentía demasiado enferma como para salir de la casa de huéspedes, de modo que eché un vistazo a los estantes que había ahí, pero no encontré ningún libro que me interesara. Entonces reparé en una pila de libros que estaban sobre una mesa antigua en el pasillo. Uno de los títulos me llamó la atención: *Ser mortal: la medicina y lo que importa al final* de Atul Gawande, un examen crítico de los cuidados médicos que se ofrecen a los enfermos terminales. En ese momento me sentía especialmente mortal y lo saqué del medio de la pila y me lo llevé a la cama.

Al cabo de unos días, casi había terminado de leer el libro. No me sentía mejor en el aspecto físico, pero mi vida había cambiado. Lo que acababa de leer era muy importante. La manera como veía el fin de la vida había sufrido toda una revolución. Escondía la cabeza en la arena cuando se trataba de hablar sobre las necesidades de mi madre y de los padres de Tim, pero en ese momento comprendí que había llegado la hora de sostener esas conversaciones difíciles.

Cuando partimos de la granja, nos dirigimos a las islas Outer Banks, en Carolina del Norte. Estábamos esperando el transbordador que iba de Ocracoke a Cape Hatteras cuando sonó el celular de Tim. Era Leo, que quería informarnos que el tío Ralph, el único hermano que le quedaba a Norma y el mejor amigo de Leo, acababa de morir a los noventa y un años.

La voz de Leo sonaba firme ese día, pero unas semanas después, el Día del Padre, cuando volvimos a hablar con él por teléfono, había cambiado.

—Tenemos que ir —resolvió Tim cuando colgó—, algo le pasa a mi papá.

Lo que más me sorprende ahora, cuando pienso en los meses anteriores a esa llamada telefónica, es esto: nuestra audaz suposición de control. El problema es que a la vejez y la enfermedad les importa un comino nuestros planes; ambas cosas se desarrollan a su propio ritmo, sin esperar a que estemos preparados para enfrentar estas cuestiones, inevitables o no.

Ni siquiera tuvimos tiempo de desenganchar la casa rodante de la camioneta. Tres días después de que llegamos, Leo yacía acostado en posición fetal en una cama de hospital; todos sus órganos estaban fallando. Los parches de fentanilo que usaba para controlar su insoportable dolor de espalda —consecuencia de lo que a la larga nos dijeron que había sido una fractura por compresión vertebral— al parecer habían causado estragos en la química de su organismo y los médicos no podían restablecerla. Se veía muy incómodo y solo. Norma parecía más menuda que nunca, empequeñecida por el sillón reclinable de hospital al lado de la cama de Leo. Guardaba silencio.

Tim se acostó en la cama junto a su padre y lo abrazó. Le pasé un paño húmedo y lo usó para limpiar con suavidad la frente de Leo. Tim repetía una y otra vez:

—No te preocupes. Voy a cuidar de mamá. Te amo. Todo va a estar bien.

Después de un rato, Tim tomó un descanso y yo me acosté junto a Leo. Nos alternamos para hacerlo esa mañana hasta que Norma me susurró:

—¿Puedes llevarme abajo? Tengo una cita a la una de la tarde para unos estudios.

No tenía idea de para qué eran los estudios. Cuando bajábamos en el ascensor, mencionó que había orinado con un poco de sangre. Sospeché que era algo más que un poco, porque noté que llevaba varias toallas sanitarias en su bolso. Era evidente que estaba sangrando, y como había llegado a la menopausia décadas antes, no debería sangrar en absoluto. Me quedé en la sala de espera y cuando salió de los estudios, volvimos a la habitación de Leo. Norma no mencionó siquiera el procedimiento. En aquel momento, nuestra prioridad era Leo, por lo que Tim y yo decidimos no presionarla.

Posteriormente, esa misma semana nos enteramos de que Norma necesitaba algunos estudios de seguimiento, entre ellos, un ultrasonido transvaginal. Con su esposo agonizando un par de pisos arriba, en el pabellón de enfermos terminales del hospital, Norma se acostó en una mesa cubierta con papel mientras una laboratorista colocaba el transductor de ultrasonido. Tuve la impresión de que su cuerpo entero se contrajo. Norma era pequeña y se sentía humillada. Me quedé cerca y observé cuando la laboratorista describió círculos y más círculos en la pantalla del monitor con un estilógrafo y alcancé a distinguir lo que parecía ser una masa grande en el útero de Norma.

—Increíble —musité.

Leo estaba muriendo y, por lo que veía en la pantalla, Norma tenía algo que parecía un tumor. Desde su posición, ella no podía ver lo que estaba ocurriendo y no tenía conocimiento de lo que yo acababa de ver.

Respiré hondo antes de contarle a Tim lo que había aparecido en el monitor esa tarde.

No tardaron en trasladar a Leo del pabellón de enfermos terminales a una residencia de cuidados cerca de ahí. Dos días después, luego de haber pasado seis horas al lado de él, en su lecho de muerte, Norma, que estaba exhausta, insistió en que la fe de Leo lo sostendría.

—Ya podemos irnos —susurró. Todos salimos con la certeza de que ese cálido día de julio sería el último de Leo. Tan pronto como llegamos a casa, recibimos una llamada del centro de cuidados terminales para avisarnos que Leo había muerto a las 5:50 de la tarde. En ese instante, un reloj descompuesto en forma de barco (un regalo que Stacy le dio a Leo) empezó a funcionar de nuevo.

Los restos de Leo fueron cremados, y sepultamos su urna al lado de la de Stacy en la cripta familiar, a pocos pasos de la del tío Ralph, en el cementerio del ayuntamiento. Estábamos conmocionados y el dolor nos agobiaba.

Todavía no era oficial, pero Tim y yo sabíamos, muy en el fondo de nuestros corazones, que era muy probable que Norma tuviera cáncer. Cuando estábamos acostados en la casa rodante, hablamos de nuestras opciones. Ninguno de los dos quería para Norma el mismo final que habíamos visto en Leo. Sus últimos días en un hospital ruidoso y atestado distaban mucho de ser agradables. De hecho, fueron muy dolorosos para él. A ambos nos preocupaba lo que ocurriría si Norma iba a una residencia para ancianos. Le encantaba pasar el tiempo al aire libre. ¿Cómo podría vivir dentro de una institución a puerta cerrada que requería un código para salir? ¿Cómo podría una mujer tan tímida compartir una habitación con una extraña? Habíamos visto la comida institucional que servían en muchos de estos lugares. No había ninguna garantía de que tendría la calidad o variedad a la que estaba acostumbrada, ni la independencia o nada que le fuera familiar. Nuestra intuición nos decía que Norma no sólo necesitaba, sino que también merecía libertad, autonomía y dignidad; y para nosotros, las residencias de ancianos a las que teníamos acceso representaban lo contrario a esos valores.

Si Norma quería relajarse al final del día con una cerveza

o una copa de vino, queríamos que tuviera ese lujo. Si deseaba salir de la institución por cualquier motivo, queríamos que
pudiera hacerlo. Si quería cenar o caminar descalza en el cés-
ped, que así fuera. Además, queríamos que tuviera la oportunidad de volver a sonreír.

Entrecruzamos una mirada y, al mismo tiempo, dijimos:

—Necesitamos saber si quiere venir con nosotros.

No teníamos idea de lo que haríamos si ella aceptaba.

* * *

Al día siguiente, los tres nos sentamos a la mesa de la cocina
a almorzar.

—Norma, no sabemos lo que dirá el doctor acerca de todos esos estudios que te han hecho —dije entre un bocado y
otro—, pero quisiera preguntarte cómo te sientes respecto a
quedarte sola, ahora que Leo se ha ido.

—No sé qué hacer —respondió ella, a cada palabra su voz
sonaba más y más débil—. No puedo vivir aquí sola. Ya lo sé.

—Bueno —intervino Tim—, Ramie y yo también hemos
hablado al respecto y no nos sentiríamos bien si te quedaras sola, aunque tuvieras a alguien que te ayudara. Vimos algunas
residencias y podemos inscribirte en una lista, aquí o donde
vive la mamá de Ramie, en Pennsylvania. O, estábamos pensando —continuó él—, si te gustaría vivir con nosotros viajando, podríamos comprar una casa rodante más grande.

—Sé que venir con nosotros puede parecerte una idea
descabellada —interpuse—, pero no es más descabellado que
pasar el resto de tus días en una casa de asistencia. Si quieres
venir, te llevaremos a donde desees.

Le dijimos que no tenía que respondernos de inmediato.

—Piénsalo —le pedimos.

Seguimos comiendo nuestros sándwiches de jamón y ensalada sin más conversación.

La siguiente persona que habló fue Norma.

—Creo que me gustaría ir con ustedes —dijo en voz baja.

A la mañana siguiente, esperamos apretujados en una pequeña sala de examen con un ginecólogo y una estudiante de medicina que lo seguía a todas partes. Habíamos pasado los últimos dos días después de la muerte de Leo yendo de un médico a otro y de un estudio a otro. El médico ginecólogo obstetra era el último que veríamos.

El doctor, un hombre atractivo de treinta y tantos años, nos dijo lo que ya sabíamos: que Norma tenía un tumor canceroso en el útero. Desde el extremo de la mesa de examen, miró a Norma, que estaba sentada en una silla de ruedas del hospital, y en seguida saltó a una conclusión que suponía lógica:

—Entonces, vamos a programarla para una histerectomía, luego radiación y quimioterapia. Se recuperará en un centro de rehabilitación y es probable que tarde algunos meses en sanar.

Aunque no le ofreció a Norma ninguna otra opción, terminó preguntándole qué deseaba hacer. Norma lo miró fijamente y, con toda la convicción que pudo reunir, le dijo:

—Tengo noventa años. Voy a viajar.

Con justificada razón, el médico pareció confundido. Tim explicó que vivíamos viajando en una casa rodante y que pensábamos llevar a Norma con nosotros durante todo el tiempo que ella quisiera y estuviera físicamente apta.

La expresión del doctor cambió al instante. El rostro se le iluminó. La estudiante de medicina se veía perpleja; de seguro, esta respuesta no era lo que ella esperaba de esta anciana menuda.

—¿Cree que somos irresponsables? —preguntó Tim—.

Esta solución nos parece totalmente natural, pero no siempre seguimos los convencionalismos. ¿Qué opina usted?

—No —repuso el doctor—, no es irresponsable. No hay ninguna garantía de que sobreviva a la operación. De ser así, estaría en cuidados intensivos y sufriendo los terribles efectos secundarios del tratamiento. Como médicos, vemos el otro lado de la moneda todos los días. Si yo estuviera en su lugar, me gustaría estar en una casa rodante.

—Así se habla —respondimos Tim y yo.

Teníamos mucho que hacer para cumplir nuestra promesa de llevar a Norma a una última aventura. Por principio de cuentas, no teníamos idea de cuánto duraría esta aventura, ni siquiera de adónde nos llevaría, pero sabíamos que teníamos que intentarlo.

Capítulo 2. Exploración

[Tim]

Los días que siguieron a la muerte de papá estuvieron llenos de dolor y planificación, fue un delicado encuentro entre finales y principios. Su muerte marcó una pauta, como ocurre con tanta frecuencia con una pérdida; y el diagnóstico terminal de mi madre redefinió, sin tardanza, el tiempo como algo que se nos estaba agotando. ¿Había dicho todo lo que quería o necesitaba decirle a mi padre antes de que muriera? No creo que haya sido así. ¿Le había hecho sentir mi amor y gratitud? Quiero pensar que sí, ya que le susurré esas palabras al oído cuando yacía en su cama de hospital. Mi padre se había ido y mi madre se estaba muriendo. De pronto, al cabo de años de una relación definida por visitas anuales y llamadas telefónicas irregulares, los tres íbamos a vivir juntos en una casa rodante. Sin duda, ésta sería mi última oportunidad de compartir mis sentimientos con mi madre. Con ella no quería hacerme las mismas preguntas que me había hecho respecto a mi padre. Quería estar seguro esta vez.

"Creo que me gustaría ir con ustedes", había dicho mamá. Era así de sencillo. Y en el espacio de una fracción de segundo, empezamos a planear un viaje por carretera con mi madre, frágil y de luto, sabiendo que nuestras vidas se transformarían por completo.

Yo tenía cincuenta y siete años. Había vivido aislado, dichosamente —y en ocasiones, ridículamente— desconectado del mundo los últimos quince años. Éramos sólo yo, Ramie y, hasta hace poco, Ringo. Pero ahora me convertiría en cuidador y codirector de una casa rodante de asistencia. Aunque no veía otro modo de cuidar a mi madre, no estaba seguro de poder lograrlo, o del tipo de presión que esta decisión ejercería sobre mi matrimonio.

El dolor se cernía sobre nosotros como una nube oscura y densa. Cuando me sentía abrumado por ese sentimiento, me acostaba en el piso de la casa rodante, que todavía estaba estacionada en la entrada de la casa de mis padres, y abrazaba los rizos suaves y espesos de Ringo; sollozaba hasta que el agotamiento me daba un respiro y podía dormir. Pero Ramie y yo no compartimos nuestro dolor ni nuestros temores. No nos sentamos a la mesa del comedor con mamá a recordar; en vez de eso, empacamos.

Nuestro plan era viajar un año con mamá. Después, volveríamos a evaluar la situación. A decir verdad, no creíamos que mamá viviría más de un año, pero esperábamos que, si establecíamos una meta, su deseo de seguir viviendo aumentaría. Teníamos mucho que comprar y hacer en las próximas cinco semanas, antes de partir. Mamá necesitaba ayuda para desplazarse, por lo que le compramos una silla de ruedas ligera y ergonómica.

Aunque todavía podía caminar con bastón, la transportábamos más rápido en su nueva silla de ruedas, que también servía como andadera. También teníamos que dejar arreglada la sucesión de papá y ayudar a mamá a empacar, pero antes debíamos preparar un presupuesto que funcionara para todos.

Ramie y yo nos habíamos jubilado jóvenes, gracias a muchos años de llevar una vida frugal, a nuestra carencia de deudas y a que no tuvimos familia. Siempre teníamos vehículos de segunda mano y casi nunca derrochábamos dinero cuando viajábamos. Nos quedábamos, sobre todo, en campamentos de bajo costo que no tenían todos los servicios o acampábamos en el estacionamiento de una tienda departamental o en un terreno público. Tomábamos una pequeña ganancia anual de nuestras inversiones y vivíamos de eso. Teníamos dinero suficiente para continuar viajando, incluso con mi madre, y para hacernos cargo de todos nuestros gastos personales, además de la comida de mamá. Para las comodidades adicionales que mamá necesitaba, algunos campamentos con todos los servicios, una forma de vida más confortable y salir a comer fuera de vez en cuando (cosas que nosotros evitábamos cuando estábamos solos), dedicaríamos el ingreso del seguro social que mamá recibía y la pequeña pensión que le dejó papá.

Realizamos una investigación sobre el costo de una casa de asistencia, y cerca de donde mamá vivía había una que tenía un costo de $8,400 dólares mensuales por habitación compartida. Eso equivalía a $280 dólares diarios. Ninguno de nuestros cálculos de costos para vivir con ella se acercaba ni remotamente a esa cantidad. De hecho, cada día que mi madre pasara fuera de una casa de asistencia nos permitiría usar el legado financiero que mi padre había dejado en darle una mejor calidad de vida. En vez de una inversión no reembolsable en una casa de asistencia, que calculamos que podría costar más de $120,000 dólares, invertiríamos en una casa rodante más grande, que podríamos vender después y utilizar el dinero para atender a mamá, cuando nuestro viaje terminara.

Así pues, el siguiente punto del orden del día era buscar una casa rodante conveniente para todos. Aunque a Ramie y a mí nos divertía ducharnos en nuestro remolque cuando estábamos estacionados en el estacionamiento de Walmart y dependíamos sólo de energía solar en nuestras lámparas de lectura, entendíamos que mamá necesitaría algunas comodidades más terrenales.

Sentados a la vieja mesa de roble de la cocina de mamá, mientras comíamos otro sándwich de jamón y ensalada, los tres hablamos de lo que necesitaríamos en una casa rodante para que nuestro plan funcionara. Una de las prioridades de la lista era un sillón cómodo para mamá, además de dos áreas privadas para dormir y un baño en el centro del coche para no tener que atravesar el espacio de nadie.

—¿Cómo vamos a lavar la ropa? —preguntó mamá.

Agregamos una lavadora y secadora a nuestra lista.

—Necesitamos una distribución que permita a Norma caminar por la casa rodante —señaló Ramie; se inclinó sobre su computadora portátil y abrió su navegador de internet.

Eliminamos los diseños en forma de L, puertas pequeñas y bahías de cocina. Los tres estuvimos de acuerdo en no centrar nuestra atención en un televisor, tampoco necesitábamos una chimenea. Cada detalle era importante para nosotros; cosas como la privacidad y el espacio común eran ahora una de nuestras principales preocupaciones.

Entonces la encontramos: una casa rodante con un diseño que incluía un baño y medio, una combinación de lavadora y secadora y un sillón estilo europeo, la Fleetwood Southwind.

Indagamos en todos los lugares de venta de casas rodantes usadas que encontramos en internet, en busca de aquella que nuestro presupuesto nos permitiera pagar. Había nueve en venta en diversas partes del país. Una por una, eliminamos las opciones. Algunas estaban demasiado lejos, otras eran demasiado caras o tenían mucho kilometraje recorrido, pero una era precisamente lo que queríamos. Estaba al norte de Nueva York, aproximadamente a mil cuatrocientos cincuenta kilómetros de la casa de mamá. Era perfecta. Sin verla de antemano, la apartamos con un depósito importante.

Perfecta... salvo por un gran problema: mi plan de ir en la camioneta de papá a Nueva York y remolcarla de regreso a Michigan no iba a funcionar. No era posible remolcar una casa rodante a causa de su transmisión. Al parecer, necesitábamos un automóvil nuevo también. Y el único que podía funcionarnos era otro modelo, la Jeep Wrangler.

Luego de algunos callejones sin salida, Ramie encontró una distribuidora automotriz en Cheboygan, Michigan. Lenny, el gerente de ventas, nos dijo que tenía dos camionetas en su lote que podían funcionar, pero nos advirtió que una estaba equipada con accesorios que tenían un valor de treinta mil dólares. En realidad, había una sola opción en el lote. Decidimos hacer el viaje de noventa minutos desde la casa de mamá para hacer una prueba de conducción.

Un día claro y soleado de julio, Ramie y yo emprendimos el viaje a la distribuidora en el potente Toyota que Stacy le había regalado a papá hacía varios años. Ramie, sentada a mi lado en el asiento del pasajero, estudiaba las blancas y esponjosas nubes a través del quemacocos mientras recorríamos la carretera de dos carriles rumbo al norte.

—¿Te vas a dormir en este hermoso camino? —pregunté cuando habíamos recorrido más de medio trayecto.

—No —respondió ella. La sentí relajada por primera vez desde que llegamos a la casa de mis padres.

—Entonces, ¿qué haces? —inquirí.

—Hablo con Stacy —repuso, despreocupada.

Durante nuestra búsqueda de una nueva casa rodante y un vehículo de remolque, también habíamos tenido dificultades para encontrar un lugar para pasar el invierno en Florida. Aunque apenas estábamos en julio, todos los parques para casas rodantes a los que habíamos llamado estaban reservados. Era como si el Estado Soleado hubiera puesto un letrero de "Sin disponibilidad" en esa temporada.

—Le estoy pidiendo a Stacy que nos encuentre un magnífico lugar para acampar en Florida y que el vehículo ideal aparezca sin ningún problema —añadió Ramie.

Unos cuarenta y cinco minutos tarde, llegamos y encontramos a Lenny afuera de la elegante sala de exhibición de la distribuidora. Era un hombre pequeño, no mucho más alto que mamá, que caminaba con una especie de saltito feliz y sonreía con facilidad.

—¡Ramie! —Lenny corrió hacia nosotros—. No vas a creerlo, pero hace apenas media hora nos dejaron a cambio una camioneta de cuatro puertas como la que querías. No tenía idea de que nos llegaría. Creo que es exactamente lo que estás buscando.

Tenía razón: era perfecta. Aunque no lo creíamos, ésa era la señal del cielo que necesitábamos. Tal vez en ese momento nos sentíamos poderosos. Estábamos por desafiar al sistema y nadie, ni los doctores ni los vendedores de autos, trataron de persuadirnos de lo contrario. Pensamos que nuestro audaz plan funcionaría después de todo.

Pero ¿podría mamá subir al asiento posterior de la camioneta?

Al cabo de unos días, Ramie y yo volvimos a Cheboygan; esta vez nos acompañaban mamá y Ringo.

—¡Vaya! ¿Ésa es la camioneta que vamos a comprar? ¡Qué bonita! —oí a mamá susurrarle a Ramie. Me reí para mis adentros de su entusiasmo por un vehículo que parecía apto para un safari y contrastaba enormemente con los autos Buick color beige que dominaban los estacionamientos y entradas de las casas en el norte de Michigan.

De inmediato fue evidente que las piernas de mamá no eran suficientemente largas o fuertes para subir al vehículo. Lenny fue a buscar un escabel y muy pronto, mamá estaba sentada muy derecha en el asiento posterior al lado de su amigo Ringo.

—¿Qué opinan? —preguntó Lenny entusiasmado.

Mamá, que normalmente es callada y reservada, nos sorprendió a todos cuando replicó:

—Lenny, te voy a decir una cosa. Este automóvil es muy bonito. Sólo tiene dos problemas.

—¿Qué tiene de malo? —inquirió Lenny, ansioso por realizar la venta.

—Bueno, no puedo subir y no puedo bajar de él. Si incluyes el escabel, cerramos el trato.

Firmamos los documentos de nuestra nueva camioneta ese día. No pasó mucho tiempo para que me pusiera en camino a recoger nuestra nueva casa rodante, lleno de agradecimiento y determinación.

* * *

Respiré hondo y me levanté para estirar las piernas. El calor de agosto nos había dado un respiro: el día estaba fresco y soplaba la brisa. Caminé hacia la parte posterior de la casa y me detuve a ver el jardín de mamá, que ya empezaba verse como una jungla, debido a la falta de intervención humana. La maleza se había enrollado en las plantas de tomate, altas y desaseadas. Las hierbas crecían muy tupidas y me llegaban a la altura de la rodilla; ya habían echado semillas y se habían marchitado, era demasiado tarde para cosechar. Ringo estaba echado y frotaba el hocico en la hierba alta. El ligero olor a humedad del sótano, donde había pasado la mañana revisando algunas de las cosas de mis padres, se me había colado hasta los huesos y se había adherido a mi ropa, tanto así que incluso a la intemperie lo percibía.

Dentro de la casa, encontré la mayoría de los documentos de mi padre, organizados con una pulcritud casi obsesiva, en un archivero de madera que tenía en el dormitorio de huéspedes. Los expedientes gruesos protegían manuales de usuario e información sobre la garantía de objetos que hacía mucho tiempo se descomponían en un vertedero.

Todo estaba clasificado y bien pensado, así era mi padre: nada de desorden, nada de drama. Nunca había visto a mis padres pelear o llorar, pero tampoco los había visto eufóricos de felicidad, jamás. No hablábamos de asuntos de dinero ni tocábamos los temas relativos a la salud.

Un día que estaba revisando los documentos financieros de mis padres, algo salió volando y cayó al suelo; me agaché a recogerlo: era un recorte de periódico que anunciaba paseos en globo aerostático al otro extremo del estado. Posteriormente, cuando abrí la puerta para tomar una bebida fría, noté otro de esos anuncios sujeto al refrigerador por un imán. Luego descubrí otro más como separador improvisado en un libro.

—Papá y yo siempre quisimos ir a un dar un paseo en globo —reveló mamá, después de que le pregunté sobre mis hallazgos—, pero nunca fuimos.

Me sentí desilusionado y también un poco perplejo. ¿Mis padres habían querido hacer algo tan aventurado? Me parecía inverosímil.

¿Qué tan bien los conocía en realidad? Como la mayoría de los hijos, podía describir a mis padres con gran detalle. Eran tan predecibles que Ramie y yo bromeábamos que siempre sabíamos lo que estaban haciendo, aunque nos encontráramos a muchos kilómetros de distancia. Comían sándwiches de carnes frías con papas fritas y pepinillos en conserva todos los días al mediodía. Dormían una siesta en sus respectivos sillones, después de leer la correspondencia del día, a la una en punto de la tarde. Cenaban siempre a las cinco y media y se acostaban después del noticiario de las diez de la noche.

Durante las casi siete décadas que mis padres estuvieron juntos, papá fue la figura dominante, siempre listo con una sonrisa y un mal chiste. Era gracioso, sociable y de trato fácil; en realidad, mamá nunca tenía que hablar cuando mi padre estaba presente. Se reía de sus chistes y evitaba hacer expresiones faciales por esos cuentos bobos. Me parecía que ella había pasado la mayor parte de su vida sin interactuar con los demás con su propia voz. Supuse que así lo había decidido, que prefería reírse y observar.

Sin embargo, ahí estaba mamá, tan audaz y coqueta, tomándole el pelo a Lenny en la distribuidora de automóviles. Y aquí, entre las huellas de la casa, había descubierto un sueño romántico de mis padres. Sí los conocía, pero también había muchos espacios en blanco. ¿Acaso mamá tenía un lado que ocultó todos estos años? ¿Qué otros caminos habían olvidado ella y mi padre? ¿Qué extrañaba mamá de mi hermana Stacy? ¿Y papá? Anhelaba tener respuestas para atravesar la estoica distancia que había existido toda mi vida entre mis padres y yo.

Ramie ayudó a mamá a empacar sus cosas y yo preparé los detalles esenciales para la casa rodante. Entre los artículos que mi madre reunió para llenar los dos cajones que le habíamos asignado había una sudadera de color rojo deslavado de un hotel rústico a la orilla del lago, el Fireside Inn.

—¿Por qué quiere llevar este vejestorio? —pregunté a Ramie—. Entiende que el espacio es limitado, ¿verdad?

—Es un símbolo de su pasado —reflexionó Ramie—, parte de su proceso de duelo.

Ramie tenía razón. Ella y yo estábamos acostumbrados a viajar ligeros y planeábamos poco. Desde ahí me di cuenta de que este viaje sería diferente.

Empacar y hacer planes acentuó la pérdida de mamá de maneras que todavía nosotros no podíamos describir con palabras.

Ya no viviría en una casa llena de posesiones que significaban tanto para ella y mi padre, ni llevaría a cabo los rituales diarios que habían desarrollado a lo largo de más de sesenta años de matrimonio. Ya no dormiría en su cama, la que todavía recordaba el peso del cuerpo de papá y donde reposaba la almohada que aún olía a él. Había perdido a su último y más querido hermano, el tío Ralph, hacía apenas un mes. Había sobrevivido a todos sus contemporáneos y era la última de su generación.

Mi madre no lloraba, se mantenía firme en su fe. La habían criado en un hogar alemán estoico e inquebrantable. Había sobrevivido a la Gran Depresión.

Pero su dolor se manifestaba en aspectos físicos. Había perdido el apetito, el poco que le quedaba, y estaba bajando de peso. Parecía que mamá se estaba encogiendo frente a nuestros propios ojos. Estaba más callada que de costumbre. Se veía confundida, y recuerdo que nos dijo:

—¿Qué voy a hacer ahora?

El sufrimiento y la enfermedad la consumían, pero aun así no lloraba.

Su decisión de viajar con nosotros parecía ser una expresión de optimismo, era su forma de decir: "Todavía no estoy acabada; todavía me quedan curiosidad y ganas de divertirme". Aunque mamá tenía mucha ropa bonita y en excelente estado, le emocionaba comprar ropa nueva para el viaje, y Ramie y yo estábamos encantados con su entusiasmo. Le preguntamos si quería llevar al viaje algo de la casa.

—Sólo una cosa —respondió—. Los dos cojines del sofá.

Creo que lo decía más por sentido práctico (necesitábamos almohadas) que por nostalgia.

—¿Quieres llevar algunas fotografías de papá o de Stacy? —quisimos saber.

—No.

Llevamos una instantánea familiar de nuestra boda en caso de que cambiara de opinión.

En lugar de objetos nostálgicos, prefirió cargar con libros y rompecabezas para la carretera. De hecho, lo primero que metió en la maleta fue un par de binoculares, seguidos por varias guías de campo para estudiar el mundo natural que veríamos a lo largo del camino. Le ajustamos las cuerdas a su salterio, empacamos sus blocs de dibujo y encontramos un lugar para guardar sus agujas de tejer. Le dimos un viejo iPad para que jugara solitario y juegos de palabras, que aprendió a usar gracias a la paciencia de Ramie.

A pesar de haber vivido los últimos veintiocho años en esa casa, mamá no se puso sentimental por abandonarla. Decidimos dejarla tal como estaba, hasta otra ocasión; queríamos que mi madre dedicara su energía a disfrutar de la vida y no a deshacerse de sus posesiones. Ella no quería lidiar con eso y nosotros tampoco. Desaguaríamos las tuberías y cerraríamos la casa, sin darle una limpieza final, ya que no estábamos seguros de si mamá estaría viva para cuando regresáramos, al año siguiente.

Ramie colocó el atlas de carreteras al lado de mamá, que estaba sentada en su mecedora en la sala, y sacó de un estante sus guías de viaje regionales del Instituto Smithsoniano; tenía toda la colección.

—Puedes ir a cualquier parte del país—le dijimos.

—Eh... no lo sé. Todo me parece muy bien. Quiero verlo todo.

Insistimos.

—Siempre quise pasar un tiempo en Nuevo México —admitió un día—. No sé por qué, pero siempre quise ir ahí —eso ya era un comienzo—. Y me gustaría ver las cabezas de los presidentes en Rushmore —agregó después—. Sería muy agradable.

Mientras tanto, mamá había adelgazado mucho y había bajado de escasos 46 kilos de peso a apenas 42.5 kilos. Estaba muy frágil, mareada, aletargada y casi muda, como si ya no tuviera absolutamente nada que decir. Aún podíamos vislumbrar una chispa en ella, pero vimos la profundidad de su dolor, y los efectos de la enfermedad y los medicamentos en su cuerpo y espíritu. Sin embargo, nuestro viaje era muy prometedor. Con más tiempo para charlar, ahora tendría la oportunidad de hacerle preguntas, escuchar algunas respuestas y quizá descubrir cómo era mi madre en realidad. Dije una oración en silencio para pedir que estuviera lo suficientemente bien para decírmelo.

Por fin llegó la hora de marcharnos. Una mañana soleada de agosto, salimos de la casa de mis padres y nos dirigimos a la autopista. Íbamos rumbo al Monumento Nacional Monte Rushmore en Dakota del Sur. Cuando miré a Ramie, comprendí que no tenía que dudar. Tanto ella como yo exhalamos un suspiro de alivio.

Capítulo 3. Descubrimiento

Los estados del interior
Agosto

[Ramie]

Condujimos dos horas ese primer día. Pensábamos que era todo un logro simplemente haber salido de la casa, mientras Norma seguía con vida. Enganchamos la camioneta detrás de la casa rodante en el estacionamiento del ayuntamiento local, y observé el rostro de Norma cuando pasamos por la casa que fue su hogar durante casi treinta años.

Estaba sentada con el cinturón de seguridad abrochado en el asiento de la mesa del comedor, viendo hacia el frente; era el lugar que tenía la mejor vista de todas las ventanas. Se veía pensativa mientras estudiaba los árboles que ella y Leo habían sembrado en su jardín a lo largo de los años. No le contamos a ninguna de sus amigas del diagnóstico de cáncer. Norma no quería ver esa mirada en sus ojos —no tenía sentido que se preocuparan—, pero eso estaba en primer plano en nuestra mente mientras nos alejábamos.

Apenas unos minutos antes, Norma se había despedido de los pocos amigos y vecinos de toda la vida que aún le quedaban; su rostro alemán imperturbable no expresó ninguna emoción al agitar la mano para decir adiós, pese a que algunos de ellos lloraban. A partir de entonces éramos sólo nosotros. Todo lo demás se había quedado atrás. Ahí estábamos, Tim, Ringo y yo, que llevábamos a una frágil anciana en un viaje aparentemente sin rumbo. No pude evitar preguntarme si Norma volvería a ver su bello jardín perenne o cuidaría las lavandas que impregnaban el aire del aroma del sur de Francia cuando estaban en flor. Si fuera jugadora, habría apostado a que el mismo pensamiento cruzó por la mente de Norma. Desde luego, nunca hablaría de ello. Tenía las manos cruzadas pulcramente sobre la mesa del comedor y, aunque sus ojos llorosos delataban el tumulto de emociones de las últimas semanas, sus labios rosas estaban sellados al emprender el siguiente capítulo de su larga vida.

Mientras avanzábamos por los caminos sinuosos del norte a lo largo de la costa del lago Hurón, noté con sorpresa el horizonte lejano. Kilómetros y kilómetros de ondulante agua azul se extendían al infinito en el cielo azul brillante. De pronto tuve una nueva perspectiva: al viajar en el asiento del pasajero, tan cerca del suelo, no podría haber visto jamás por encima de las frondas de los árboles achaparrados que comúnmente bordean las carreteras del norte de Michigan. Sentada a la altura de nuestra nueva casa motorizada, teníamos un mejor punto de vista.

El paisaje desde nuestro parabrisas gigante era ahora nuestra ventana al mundo. Me di cuenta de que, aunque Tim y yo habíamos recorrido el país en zigzag muchas veces, esta vez tendríamos la oportunidad de verlo a través de una lente muy distinta. Mejor dicho, a través de algunas lentes: el enorme parabrisas de la casa rodante y los ojos de una anciana de noventa años que tenía la fuerza de decir "sí" a la aventura.

Después de ese primer día de camino, me deleité con la novedad de tener cubos de hielo en el congelador de nuestra casa rodante, un lujo que antes no teníamos. Tim y Norma disfrutaron de una cerveza fría antes de cenar y todos brindamos por un primer viaje exitoso. Norma se duchó por primera vez en una casa rodante, descargó su primer inodoro al vacío (o cuando menos lo intentó) y pasó su primera noche de sueño reparador en su nueva y confortable cama Sleep Number.

Del otro lado de la puerta corrediza del dormitorio, Tim y yo pasamos una noche inquieta en nuestros nuevos aposentos —que incluían el volante y el fregadero de cocina— en un sofá con colchón inflable que teníamos que tender todas las noches. Ringo durmió en el piso, cerca de la mesa del comedor.

La libertad por la que Tim y yo habíamos luchado tanto durante toda la vida seguía increíblemente intacta; sin embargo, en términos muy prácticos, la habíamos perdido por completo. Cada vez que Tim se daba la vuelta o se movía en la cama inflable, yo rodaba y me despertaba. En serio, no tenía idea de cómo nos íbamos a poner de acuerdo.

* * *

Al día siguiente, nos preparamos para cruzar el puente del estrecho Mackinac, el puente colgante más grande del mundo. El "Big Mac" conecta las penínsulas superior e inferior de Michigan y es donde el lago Hurón le da al lago Michigan un gran beso cenagoso.

Los árboles se inclinaban ante la fuerza del viento, lo que no era una buena señal para un día en el que planeábamos cruzar la conexión entre dos de los Grandes Lagos. Finalmente, los vientos fuertes obligaron a cerrar el famoso puente a los vehículos de "alto perfil" semejantes al nuestro. Nos gustara o no, nos vimos forzados a quedarnos en el campamento del lado de Mackinac.

Una lluvia fría y neblinosa descendió sobre nosotros. Estábamos a finales de agosto y de pronto parecía que estábamos a finales del otoño; de repente me sentí profundamente sola en el mundo. Cuando sólo éramos Tim y yo, siempre podíamos contar el uno con el otro para conversar, divertirnos, preparar la comida o cuidar al perro. Ahora, uno u otro siempre estaba preocupado por las necesidades de su madre.

Era muy fácil tratar con Norma y, desde el principio, ella había dejado muy en claro que no quería ser una carga; sin embargo, a cada momento me sentía intranquila por su comodidad. ¿Tendría dolor? ¿Estaría aburrida? ¿Estaría tomando suficiente agua? ¿Cómo podíamos conseguir que comiera? No podía darse el lujo de bajar más de peso.

Antes de dejar la seguridad de la casa de Norma, proyecté nuestros próximos cuatro meses en un calendario. Como fuera, eso nos llevaba a fines de año. Si alguien me hubiese preguntado dónde íbamos a dormir en una determinada noche, podría haberle respondido con exactitud... hasta ayer. Ahora estábamos detenidos en el campamento de Mill Creek, y yo sentía un nudo de angustia que me oprimía el pecho y el corazón me latía muy fuerte.

Los últimos meses habían estado colmados, primero de pérdida y sufrimiento, luego de planeación, preparativos para el viaje e incluso de emoción. Llevar a Norma nos había parecido una estupenda idea cuando la propusimos; pensamos que era demasiado buena, demasiado sencilla, creímos que nuestra vida podría seguir siendo igual, sólo con una pasajera adicional, fácil de atender. Pero el viento y la espera habían detenido nuestro avance inicial y ahora sentía como si la tierra se hubiera abierto bajo mis pies. Me senté y traté de asimilar lo ocurrido.

Reflexioné en el gran panorama. Desde hace mucho tiempo he creído que estoy en este mundo para marcar una diferencia, y mi trabajo siempre ha reflejado esa convicción: fui orientadora de niños y adolescentes, coordiné campañas de ayuda humanitaria, después de una inundación devastadora; trabajé como voluntaria en el centro de justicia juvenil, recolecté fondos para innumerables organizaciones sin fines de lucro y participé en un movimiento para exhortar a los padres a participar más en la vida de sus hijos. Pero mientras esperaba en ese campamento húmedo, no pude evitar que todos mis temores salieran a la superficie. ¿Estaríamos dando vueltas sin sentido?, me pregunté, ¿consumiendo combustibles fósiles sólo para llevar a Norma a visitar atracciones turísticas? ¿Acaso había perdido la esencia de mi ser a cambio de un papel de cuidadora de tiempo completo para el que no me sentía preparada en absoluto? ¿La depresión llenaría el vacío en mí como había sucedido en el pasado? ¿Cómo podía marcar alguna diferencia en este mundo si sólo me ocupaba de esta persona, esta mujer que siempre había sido tan independiente y autosuficiente? Si Norma iba con nosotros, yo no podría ser útil a las comunidades a las que estaba acostumbrada a servir. Sin una comunidad grande a la cual apoyar, y que a su vez me apoyara a mí, ¿aún podría contribuir a que las cosas cambiaran? Tenía tantos dones que dar al mundo, pensé, pero brindar cuidados no era uno de ellos; ése no era un don. Sentí que eso me hacía pequeña, insignificante y me aislaba.

Me había sentido igual en una ocasión: cuando renuncié a mi trabajo para vivir todo el tiempo viajando. Durante la temporada anterior en Baja California trabajé con un pequeño orfanato en una aldea local y sentía que por fin llenaba ese vacío en mi vida. Pensábamos volver al orfanato el próximo invierno, pero Norma todavía no estaba preparada para viajar con nosotros al sur de la frontera. Egoístamente, tenía miedo de no sentirme realizada en este viaje. Me parecía que cuidar de una sola persona me impedía ayudar a muchas otras.

Tim y yo acabábamos de dar este salto de fe y ya estaba dudando de mi capacidad para salir a flote. Me di cuenta de que necesitaba desprenderme, pero, ¡vaya , qué difícil era!

Esa tarde Tim trató de tranquilizarme.

—Te gusta la fotografía. Tal vez si te dedicas de lleno a tomar fotos, te ayudará a olvidarte de las cosas por un tiempo —propuso.

Sin embargo, yo todavía no estaba dispuesta a abandonar mis sentimientos de autocompasión.

Sí, claro que me gustaba la fotografía, pero ¿cómo llenaría eso mi necesidad de cambiar el mundo, o siquiera mejorar el pequeño rincón que yo ocupaba? ¿Cómo aliviaría eso mis sentimientos de soledad, ahora que me costaba tanto trabajo hacer de lado mis necesidades para centrarme en las de Norma?

Saqué mi laptop y escribí algunos pensamientos en el blog de viaje que tenía desde el verano de 2011. Aunque quizá sólo una docena de personas habían seguido mis publicaciones a lo largo de los años, sentía que eran como una comunidad en la que podía refugiarme. Tal vez esas personas seguirían interesadas cuando dejara de escribir sobre temas de la naturaleza y viajes para empezar a hablar sobre la vida asistida sobre ruedas. Quizá si compartía este viaje con textos y fotografías, no me sentiría tan sola.

Publiqué una entrada en el blog titulada "Cambios de latitudes, cambios de actitudes", inspirada en la letra de una de mis canciones favoritas de Jimmy Buffett. Entonces Norma se enfrascó en la lectura de un libro y Tim y yo nos pusimos nuestros impermeables para llevar a Ringo a dar un paseo por la orilla del lago donde aprovechamos para recolectar algunas piedras bellamente pulidas para mostrárselas a Norma, la "experta en piedras", a nuestro regreso. Cuando volvimos a la casa rodante, varias personas habían comentado mi publicación en el blog. Le leímos los comentarios a Norma con la esperanza de que la emocionaran tanto, como alguna vez lo había hecho la entrega del correo tradicional.

"¿Quién dice que no se puede tener una aventura a los noventa y tantos años?", decía un comentario. Otro decía: "Déjalo ser. Hay tantas cosas maravillosas que ver y hacer, y que son totalmente imprevistas. TODO estará bien. ¡Que viva la espontaneidad!".

A pesar de la expresión de cansancio de Norma, sus ojos emitieron un destello de fascinación.

—¿Nuestro viaje les interesa a esas personas? —caviló—. No sé por qué.

Me sorprendió sentir una oleada de alivio que me invadió cuando compartimos estas palabras y percibimos el deleite que le habían causado a Norma. Tim tenía razón hasta cierto punto. Encontré distracción en tomar fotografías, pero no sólo en las fotografías. La sensación de comunidad que experimenté cuando compartí nuestras fotos y relatos fue lo que me dio consuelo, ya que me mostraron cuánto me estaba aferrando a mis expectativas.

No había vuelta de hoja: el tiempo trastornó nuestros planes de viaje, vivir con Norma trastornó el flujo de nuestras vidas y estas nuevas circunstancias también habían trastornado mi sentido del yo. Estaba sola, en medio de una revolución emocional y tenía que reencontrarme de nuevo con el camino, con mi esposo y mi suegra. Tenía que fluir con los sucesos, no ir en contra de ellos.

Estas personas que escribieron comentarios en el blog vieron algo que yo no había podido discernir a causa de mis

temores: incluso los nómadas perpetuos necesitan detenerse
un poco y desprenderse de sus expectativas. De pronto, vi todos los planes que habíamos hecho para los siguientes cuatro
meses bajo una perspectiva diferente. A partir de ese momento, nuestro plan era muy simple: no hacer planes.

* * *

Estuvimos tres días en la ventosa Mackinaw, antes de que las
autoridades permitieran que los vehículos grandes cruzaran
el puente. Cruzar el "Big Mac" era una especie de rito de ini-
ciación. La península superior de Michigan era diferente, más
agreste y remota, sin lugar a dudas. Un bosque impenetra-
ble de abedules, cedros y pinos dominaba el paisaje del lado
norte del camino y la propia carretera estaba engalanada con
bordes interminables de totoras, varas de oro y zanahorias silvestres. Del lado sur, la vastedad del lago Michigan y sus márgenes intactas dejaban entrever un tiempo pasado incólume.

Norma miraba sin parpadear por la ventana grande del
comedor cuando cruzamos el huso horario del centro del país.
Anuncié:

—¡Bienvenida a Wisconsin!

Emocionada, levantó la voz lo suficiente para que yo pudiera oírla en el asiento delantero.

—Ah, nunca había estado en Wisconsin.

Ni Tim ni yo sabíamos que Norma nunca había cruzado
la frontera del estado vecino de Michigan. No nos habíamos
tardado mucho en llegar a territorio desconocido.

—¡Nos vamos a divertir! —exclamamos Tim y yo.

El Estado de los Lácteos nos recibió con colinas ondulantes salpicadas de establos rojos, fardos de paja y vacas pintas,
paisajes que merecían aparecer en un rompecabezas. Muchos

de los viejos establos tenían anuncios deslavados como los que decían: "Mastique tabaco Mail Pouch" o "Beba Coca-Cola", y nos dimos cuenta de que Norma se puso nostálgica al pasar frente a ellos. Norma quería ver el monte Rushmore, y nosotros estábamos decididos a llegar ahí, antes de que su estado de salud declinara todavía más.

* * *

Al ir del punto A al punto B sin un destino intermedio definido, muchos campistas tratan de quedarse en alguna parte donde no haya conexiones con servicios públicos como agua y electricidad. Pero encontrar un lugar para estacionar una casa rodante y pasar la noche gratis es más fácil de lo que podría pensarse. Tim y yo utilizamos una aplicación asombrosa en nuestro iPad que nos permite definir con anticipación los lugares donde vamos a dormir. Los paraderos de camiones son una opción, pero los motores diésel son muy ruidosos. En cambio, hemos descubierto que los grandes almacenes, los casinos indios y los restaurantes Cracker Barrel son muy transigentes con la comunidad de campistas que viajan en casas motorizadas.

Las reglas son simples: siempre hay que llamar con anticipación para pedir permiso y nunca quedarse más de una noche. A veces funciona de maravilla y hemos tenido vistas hacia campos de labranza ondulantes o vastas planicies. Otras veces, bueno, nos hemos topado con un carnaval o una carrera de *monster trucks* que se celebra esa noche en el estacionamiento. En esas ocasiones, nuestro remolque se llena del olor de los algodones de azúcar y las palomitas de maíz, o de los gases del escape de una camioneta con motor reforzado que pasa por encima de una hilera de autos viejos abandonados. Pero no tardamos en olvidarnos de los ruidos de los automóviles, las risas de los niños y la música de un viejo carrusel que da vueltas en un lote cercado. Simplemente nos sentimos agradecidos de estar a salvo y lejos de la carretera por ese día, descansando en nuestro hogar, con los pies levantados y disfrutando de lo que Tim haya preparado para cenar.

Durante muchos años habíamos contado con estos lugares para detenernos, pero quizá no les habíamos dicho a nuestros padres con cuánta frecuencia dormíamos en los estacionamientos de algún Walmart. Sin embargo, ése también era el método preferente para viajar en esta ocasión y necesitábamos preparar a Norma. Ninguno de los dos sabíamos cómo reaccionaría si simplemente nos estacionábamos esa noche y le llamábamos "hogar, dulce hogar" a un almacén de Home Depot.

Iniciamos a Norma en esta forma de acampar en el estacionamiento del casino Oneida Nation en Green Bay, Wisconsin, donde nos estacionamos bajo la sombra de unos árboles altos. Fue una tarde, no mucho después de que emprendimos el viaje, cuando nos detuvimos en nuestro primer estacionamiento de Walmart en Blue Earth, Minnesota, con la intención de pasar la noche.

Norma nos impresionó con su disposición a dejar su zona de confort y dormir en tales lugares; conocíamos a muchas personas que no lo habrían aceptado. Estábamos tanteando el terreno desde el principio para saber, más adelante, en qué tipo de lugares podíamos pasar la noche y dónde nos pondría límites.

El recuerdo de los comentarios del blog en los que nos aconsejaban que nos relajáramos todavía estaba fresco en mi mente. Había empezado a sentir que mi papel estaba dentro de los niveles superiores de la pirámide de Maslow y que Tim se ocupaba de los niveles inferiores. Tim se centraba en cosas como comida, agua, albergue y seguridad, mientras que yo trataba de enriquecer nuestras vidas con un sentido de conexión, espontaneidad, creatividad, experiencia y propósito. No quería que esperáramos lo inesperado y ya, quería que lo aceptáramos por completo.

Estacionamos la casa rodante en el único lugar nivelado del estacionamiento de Walmart y después llevamos a Norma a explorar los alrededores. Por comodidad, la pusimos en su silla de ruedas, cruzamos la calle seguidos de Ringo y nos dirigimos al Dairy Queen de la localidad, porque había algo especial detrás del establecimiento que queríamos enseñarle.

—¡Mira! —exclamó Tim, regodeándose por aquel momento.

Nos hallábamos frente a la estatua más grande del mundo y, según creo, la única del alegre Gigante Verde. El icono de las verduras congeladas se erguía imponente a una altura de casi diecisiete metros.

Pensé que detenernos ante esta ridícula estatua al principio de nuestro viaje establecería el tono de lo que viniera después. Significaba que estábamos dispuestos a todo. Esperábamos que verla disipara la tensión y quizás incluso le quitara un poco la seriedad al rostro de Norma.

Norma, que llevaba puesto un suéter verde bordado, se levantó de la silla de ruedas y caminó con dificultad hacia la estatua. Cuando llegó ahí, nos dio su bastón y se puso las manos en la cintura para imitar la pose del gigante. Saqué mi cámara y empecé a tomar fotografías entre carcajadas, muy divertida al ver a esta mujer menuda y normalmente reservada haciendo poses exageradas con el Gigante Verde.

Fue la primera vez en años que Tim o yo la habíamos visto sonreír; es decir, sonreír *de verdad*. Cuando revisamos las cajas de fotografías viejas en su casa durante las cinco semanas que pasamos preparándonos para salir de aventura, a los dos nos impresionó que no pudimos encontrar una sola imagen en la apareciera sonriendo.

—No logro salir bien en fotografías —me comentó—. Jamás fui fotogénica —ése era un hecho incontrovertible para ella.

Apenas habían pasado unos días de que empezamos nuestra aventura y ya nos estaba mostrando un lado que jamás habíamos visto, no sólo se veía feliz y sonriente, sino también chistosa. Se estaba divirtiendo. Desde la sombra del Gigante Verde, bajó despacio hacia una figura de madera del Pequeño Brote Verde, el inseparable compañero publicitario del gigante. Sin inmutarse, Norma introdujo la cabeza por el hueco de la figura y posó para otra fotografía; la expresión de su rostro era totalmente alegre y traviesa. De pronto, me di cuenta de que esta mujer estaba más viva de lo que había imaginado. Tenía el don de aceptar tanto lo sublime como lo absurdo. No rehuyó la experiencia, sino que fue a su encuentro con un saludo o con una pose graciosa sin cuestionarse por qué.

Tal vez siempre había tenido ese talento, pero nunca había tenido la oportunidad de desarrollarlo. Tal vez la edad y la enfermedad le daban permiso de hacer cosas que la habrían abochornado de más joven. Quizá, después de liberarse de su casa en Presque Isle y de todas sus responsabilidades, se sentía más libre. Tal vez estaba harta de preocuparse por tomar fotografías lindas y estaba lista para tomar fotografías reales: graciosas, sarcásticas, alegres y verdaderas.

En ese momento, me conmovió. La mujer que había conocido desde hacía casi dos décadas, y que Tim conocía de toda la vida, no era ahora sólo "mi suegra" o "mamá", sino que se había convertido en "Norma". La vida de esta mujer de noventa años no ha terminado, pensé. En ese instante supe que estábamos a punto de aprender lecciones de la más improbable de todas las personas: mi suegra.

Continuamos nuestro viaje por la carretera interestatal 90 que atraviesa los estados del interior, la región conocida como Heartland, entregándonos de lleno a las atracciones del camino. No ajustamos nuestra ruta hacia el monte Rushmore porque no era necesario: la carretera I-90 pasaba por muchos lugares pintorescos en los que valía la pena detenerse. En viajes anteriores, Tim y yo nos deteníamos a veces en estos sitios; en otras ocasiones, los habíamos pasado de largo. Hicimos un esfuerzo consciente por detenernos siempre que algo nos atraía. La sonrisa de Norma nos inspiró a procurar que siguiera feliz.

Con esa finalidad, la siguiente escala obligada era Mitchell, en Dakota del Sur, hogar del único Palacio de Maíz en el mundo, o como lo llaman los lugareños: "el comedero de aves más grande del mundo". Históricamente, el palacio se construyó para celebrar la abundancia de la cosecha anual. El edificio está cubierto de murales temáticos, hechos por completo de maíz, paja y otros materiales naturales, y se rediseña cada año. Tuvimos la fortuna de llegar durante el Festival del Palacio de Maíz, la época del año en la que se develaba el último diseño. Las calles estaban cerradas al tránsito vehicular, y todo estaba iluminado.

—Párate ahí con Ringo —le dijo Tim a su mamá mientras yo tomaba una fotografía al lado de una mazorca gigante. Había pasado poco tiempo desde que iniciamos nuestro viaje y ya podíamos notar que Norma le estaba tomando cariño a Ringo y que se estaban convirtiendo en muy buenos amigos.

Durante los 450 kilómetros que separaban a Mitchell de Rapid City, varias cosas sobresalieron en el paisaje de Dakota del Sur: campos enormes de girasoles cultivados, una tremenda escasez de árboles y una gran abundancia de anuncios espectaculares. Después de leer varios letreros pintados a mano, nos convencimos de que teníamos que ir a Wall Drug.

La temperatura era de más de 36.5 °C a la intemperie, por lo que esta atracción turística de gran extensión y renombre internacional, equipada con aire acondicionado, era una escala obligada en nuestro viaje. Para atraer a los automovilistas a su negocio, establecido en 1931, el propietario original obsequiaba agua helada a los viajeros muertos de sed que se dirigían al oeste a visitar el monumento nacional cercano. Nos dimos el gusto de tomar un buen vaso.

Mientras avanzábamos por el laberinto de mercancías, buscando tarjetas postales que enviar a casa, Norma se detuvo a acariciar un bisonte de felpa, cuya enorme estatura empequeñecía la de ella. Tampoco dudó en subir encima de una estatua colosal de un "lebrílope" que descubrió en un patio exterior entre los edificios. Estaba volviendo a la vida ante nuestros propios ojos.

Después de pasar la noche en un campamento a las afueras de Rapid City, llegamos al día siguiente a nuestro primer destino importante: el Monumento Nacional Monte Rushmore, situado en las montañas Black Hills, en Keystone. Fue concebido en 1923 para fomentar el turismo en el estado. Después, el escultor Gutzon Borglum y cuatrocientos trabajadores pasaron catorce años esculpiendo las colosales cabezas de casi veinte metros de altura de los presidentes estadunidenses George Washington, Thomas Jefferson, Theodore Roosevelt y Abraham Lincoln sobre la roca de granito. No tardamos en darnos cuenta de que las cabezas eran casi de la misma altura que la estatua del Gigante Verde.

Cuando estábamos en el centro para visitantes del parque, mi tímida suegra oprimió alegremente un falso detonador de una exposición interactiva y rio a carcajadas cuando un video de una explosión real en la montaña apareció en una pantalla frente a ella. Un niño de nueve años se desternilló de risa mientras la veía, cautivado por las bufonadas juveniles de Norma. La familia siguió su ejemplo de inmediato y todos a nuestro alrededor se llenaron de alegría y motivaron a Norma a hacer más explosiones.

Nos dimos cuenta de que la alegría de Norma era contagiosa, no sólo para nosotros, sino también para otros. Estaba esa parte suya que requería apoyo y cuidado que me había inspirado tal temor en nuestra primera mañana de viaje, pero, además, estábamos descubriendo otra de sus facetas. Esta Norma nos dio algo invaluable a cambio de nuestro cuidado: su deleite puro, su espíritu aventurero, su disposición a jugar con el mundo, a tocar y probar con impaciente abandono.

No sabíamos si su atracción hacia aquellas enormes esculturas presidenciales se debía a su interés en la historia estadunidense, la geología o el arte, o simplemente a que había sido una hazaña asombrosa. No importaba. No podía quitar la mirada de los bustos gigantes de piedra y leyó cada letrero explicativo del parque. Norma era como una esponja que absorbía cada gota posible. Y muy pronto, nos pasó lo mismo a nosotros.

* * *

Norma no podía crear una lista de pendientes de las cosas que quería hacer, a pesar de que eso esperábamos al principio. Aunque fuera por otro motivo, nos habría ayudado a planear. "Ay, no sé", decía una y otra vez, y muy pronto nos quedó muy claro que nunca íbamos a contar con tal lista en nuestros preparativos.

A veces me sentía frustrada porque Norma no participaba mucho en la planeación. ¿Sería por su edad?, me preguntaba. ¿Su cerebro no era capaz de invocar ciertas palabras con facilidad? ¿O simplemente no estaba acostumbrada a soñar o a que le pidieran su opinión sobre las cosas? Pero pronto aprendí a apreciar las oportunidades que nos brindaba su reticencia a hacer la lista.

Sin una lista, podíamos dejarnos llevar por la corriente. Había tanto por ver y hacer. Más que nada, Norma solamente quería disfrutar de la vida. Una lista de pendientes sería demasiado limitante. Este viaje no se trataba de cumplir tareas predeterminadas. Como habíamos aprendido muy al principio, en el puente Mackinac, con los primeros planes retrasados y nuestras experiencias en los atractivos al lado de la carretera, en este viaje lo importante era vivir el momento presente y aceptar lo que se nos presentara. No cabían los arrepentimientos y no había necesidad de correr contra el tiempo.

Sentados en nuestro campamento, decidimos que, a pesar de todo, necesitábamos una especie de plan, alguna forma de decidir hacia dónde ir después. Por fortuna, tuvimos algunos indicios. A Norma le encantaba la geología, era patriota y aunque nunca había sido artista profesional, estudió arte en la universidad y yo estaba convencida de que la creación y el arte eran la esencia de su ser. A través de los años había tejido cestas que luego donaba para recaudar fondos para instituciones de beneficencia. También hacía joyería de plata, así como vasijas de arcilla decoradas al carbón. Además, su maravilloso jardín dejaba entrever su interés por el mundo natural.

Simplemente decir "sí" a las oportunidades que surgían permitiría que los intereses de Norma determinaran nuestra ruta. Estábamos comprometidos, con confianza y colaboración, con lo que se nos presentaba. Ninguna experiencia era demasiado insignificante para nosotros. La diferencia entre "estar vivo" y "vivir" en realidad no era tan sutil al fin de cuentas. Norma nos lo estaba demostrando. Notamos que todos estábamos más radiantes, más vivos y plenos, y más dispuestos a seguir diciendo "sí". Buscamos oportunidades con la esperanza de encontrar algo nuevo, divertido o conmovedor.

Por consiguiente, no me sorprendió mucho cuando Tanya, una amiga de la que no había tenido noticias en quince años, me escribió, de la nada, un correo electrónico para decirme: "He estado pensando en ti. Espero que estés bien. Ahora vivimos en Dakota del Sur. Escríbeme cuando tengas oportunidad".

"Por casualidad estamos en Dakota del Sur en este preciso instante", me apresuré a responder, animada por la casualidad. Le conté que estábamos viajando con la madre de Tim, y le mandé el enlace con la página de Facebook de Norma, explicando que era más sencillo leer la crónica de nuestras aventuras ahí que escribir sobre ellas en mi blog.

"¿A tu suegra le gusta la cerveza?", inquirió Tanya; la pregunta me pareció extraña, pero ella continuó: "Josh y yo tenemos una cervecería en Spearfish, y me encantaría llevar algunas cervezas artesanales al campamento para que las pruebe Norma."

Sin dudarlo un instante, contesté: "¡Sí!".

Mi amiga, que hacía tanto tiempo no veía, llegó con tres paquetes de la mejor cerveza fabricada por Crow Peak Brewing. Tim abrió una lata de la premiada cerveza ligera Canyon Cream, la sirvió en un vaso y se la dio a su madre. Norma tomó un trago refrescante, levantó la mirada con un guiño y nos dijo: "No creo que me dejaran hacer esto en el asilo". Luego alzó su cerveza fría de nuevo y bebió un segundo sorbo.

El significado profundo de este enunciado reverberó por todo mi cuerpo. Aquí, a fin de cuentas, había encontrado un propósito: dar a una mujer próxima a morir, que había amado y cuidado tanto a otros durante su larga vida, el don del descubrimiento y el deleite en sus últimos días.

Todo cambió. Ninguno de nosotros sabía lo que nos deparaba el futuro. Sin embargo, de algo estábamos seguros: llevar a Norma de viaje había resultado ser una buena decisión.

Capítulo 4. Confianza

[Tim]

Las montañas Bighorn se extienden a través del norte de Wyoming y el sur de Montana, con muchas cuencas, valles y lagos glaciares entre los picos que pueden medir más de 4,000 metros de altura, ésa era la primera elevación que encontrábamos en el viaje.

—Podemos lograrlo —dije, momentos antes de que nuestra casa rodante impulsada por gasolina empezara a subir por el camino serpenteante de un solo carril en la ladera de una de estas montañas—. Los paseantes hacen esto en sus casas motorizadas todo el tiempo —sentí que el sudor de mis palmas humedecía el volante.

En esos momentos angustiosos, Ramie se quedaba muy callada y rara vez usaba el oxígeno que le tocaba. Esta vez lo atribuí a su reacción exagerada de siempre, sabía que se tranquilizaría después de que llegáramos a la cima. Entonces, cuando nos aproximábamos a la cima, sentí que algo andaba terriblemente mal. Pisé el pedal del acelerador hasta el fondo, pero la casa rodante apenas avanzó. El sol ardiente de septiembre me quemaba a través de la ventanilla, lo que empeoró mi ya de por sí elevado nivel de incomodidad. A medida que nuestra velocidad disminuía de sesenta y cinco a cincuenta... treinta... quince kilómetros por hora, empecé a buscar lugares para estacionarnos. No había ninguno: sólo una pendiente muy abrupta de poco más de trescientos metros. Ahora sé que si hubiera oprimido el botón de REMOLQUE al lado del botón del limpiaparabrisas habría prevenido esta situación, pero en aquel momento era la primera vez que conducía un vehículo de ese tipo, por lo que éramos sólo nosotros, la potencia que disminuía a ritmo acelerado y ningún otro lugar a dónde ir, salvo seguir subiendo.

—¿Crees que lo logremos? —preguntó Ramie, empuñando los dedos.

—Claro que sí —alardeé. Sabía que, si llegábamos a detenernos en medio del camino en ese momento, estaríamos en muchos problemas.

Mamá estaba sentada en la mesa del comedor, admirando por la ventana el increíble paisaje, ajena por completo a nuestro dilema. O confiaba plenamente en que lo lograríamos o, lo más probable, no podía oír nuestro diálogo lleno de pánico.

Presionaba tanto el acelerador que estaba a punto de atravesar el piso con el pie cuando alcancé a ver un letrero que indicaba que estábamos muy cerca de la cima. "Sólo un poco más, por favor", imploré para mis adentros. En el preciso instante en que casi nos deteníamos por completo, el camino empezó a bajar hacia el siguiente valle. Como en un balancín, habíamos llegado al punto más alto.

—Sabía que lo lograríamos, cariño —aseveré con el mayor aplomo que pude. A partir de ahí, el camino a nuestro destino de ese día era todo cuesta abajo.

Ramie empezaba a respirar de nuevo cuando finalmente llegamos al pequeño poblado de Ten Sleep, Wyoming. "¿Por qué creen que este lugar se llama Ten Sleep?", leímos al pasar junto al letrero que nos daba la bienvenida a esta comunidad de 256 habitantes. Después nos enteramos de que el pueblo dedicado a la ganadería, rico en historia, tenía ese nombre "dormir diez veces" porque estaba a diez días de viaje entre los principales campamentos siux que había en aquella época.

Carretas viejas de madera rebosantes de flores nos recibieron en la entrada del original motel y campamento para caballos situado en el extremo occidental del pueblo. El dueño era un hombre muy amable que, a todas luces, se enorgullecía de su establecimiento y estaba muy ocupado sembrando árboles cuando llegamos. El lugar nos pareció un oasis después de atravesar las yermas alturas de las cordilleras de Bighorn. Nos condujo a la oficina, nos registró, nos ofreció botellas de agua helada y luego caminó con nosotros hasta nuestro lugar para asegurarse de que estuviéramos cómodos durante la noche. Respiramos hondo, por primera vez en aquel día tan largo, después de haber estacionado la casa rodante y haberla conectado a los servicios.

Nuestro campamento se hallaba frente a un camino de terracería que conducía a los terrenos locales de pastoreo; el campo de futbol de la preparatoria nos quedaba también a plena vista. Vimos que los jugadores acababan de terminar su práctica y se habían congregado alrededor del rodeo a esperar a que fueran a recogerlos. Mamá notó que había dos chicas en el grupo que llevaban puestos trajes con hombreras y cascos.

—¿Esas muchachas están uniformadas? —preguntó mamá. Tuvimos que afirmar que sí. No había suficientes muchachos en Ten Sleep para formar un equipo completo de futbol, como nos enteramos después, por lo que también admitían a las chicas que querían jugar—. Vaya, qué agradable sorpresa —añadió.

Entrecrucé una mirada con Ramie y sonreímos.

* * *

Doscientos cuarenta kilómetros; y no diez, sino una noche de sueño reparador después, mostramos con orgullo el pase de la tercera edad de mi madre cuando pasamos por la angosta entrada oriental del Parque Nacional de Yellowstone con sólo un par de centímetros libres a cada lado de nuestros espejos.

—¡Bienvenida a Yellowstone, Norma! —exclamó Ramie hacia el interior de la casa rodante.

Ella solía pregonar cada vez que cruzábamos una frontera estatal y parecía apropiado empezar a anunciar también los parques nacionales.

Yellowstone, el primer parque nacional de Estados Unidos, abarca más de nueve mil kilómetros cuadrados de terreno natural asentado sobre un punto caliente volcánico. En él hay cañones imponentes, bosques, ríos alpinos, manantiales termales y géiseres, incluido el famoso Old Faithful. También es hábitat de cientos de especies animales, entre ellas, osos, lobos, alces, antílopes, nutrias y bisontes.

—Ah, espero que veamos un oso —expresó mamá cuando entramos en el parque.

—Pues estoy segura de que veremos varios animales silvestres —respondió Ramie. No bien acababa de pronunciar esas palabras cuando tuve que pisar rápidamente el freno para detenerme, junto con otros vehículos de turistas. Frente a nosotros una manada de bisontes estaba cruzando el camino. Ramie sacó su cámara sin tardanza para captar la reacción sorprendida de mamá al ver un enorme bisonte macho que se asomó por su ventana; sus resoplidos llenaron el aire de un olor rancio antes de que avanzara con toda calma por el camino sin inmutarse. A Ringo no le impresionó el espectáculo que también estaba presenciando por la ventana; con un gruñido apagado le hizo saber a mamá que estaba montando guardia, a su lado, listo para protegerla.

Mientras Ramie se esforzaba por tomar la fotografía perfecta, continuó:

—Definitivamente veremos actividad volcánica y géiseres durante nuestra estancia. ¡Este lugar es asombroso, Norma!

Cumplimos esa promesa al llegar a Upper Geyser Basin unos días después.

—Ésta es la mayor concentración de géiseres que existe en el mundo, mamá —expliqué cuando nos estacionamos y bajamos a admirar la vista. Centenares de columnas de vapor se alzaban a la distancia. La cuenca de cinco kilómetros cuadrados contenía casi una cuarta parte de los géiseres de nuestro planeta. Además de los géiseres, hay también manantiales multicolores de aguas termales y fumarolas humeantes que emiten gases sulfurosos. Percibimos entonces el olor a huevos podridos.

—Podemos llevarte en tu silla de ruedas a ver muchos de ellos —añadió Ramie.

—¿En serio? ¿Cómo es posible? —preguntó mamá, un poco perpleja, desde su silla.

Le explicamos que esta cuenca no sólo contenía muchos accidentes geológicos únicos, sino que también el Servicio de Parques Nacionales había construido un entarimado accesible a sillas de ruedas alrededor de la mayoría de ellos.

—Creo que estará bien—aceptó al fin, dejando traslucir un leve temor en su voz.

Ésta era nuestra primera escala importante después de visitar el monte Rushmore. La habíamos llevado en su silla de ruedas durante aquella visita, pero ahí todos los senderos estaban pavimentados, tenían barandillas y se veían relativamente seguros. Aquí, el camino era de madera y estaba construido a sólo unos centímetros por encima de la frágil corteza que cubría esta zona volcánica. No había barandales, sino simplemente un tablón de unos diez centímetros de ancho que formaba una barrera baja. Lo único que evitaría que mamá cayera en las rocas y lodo burbujeante era yo, y no estaba muy seguro de que ella me confiara plenamente su seguridad en esta aventura propuesta.

El géiser Old Faithful quedaba a una distancia corta de donde nos hallábamos en ese momento. Ramie y yo lo habíamos visto hacer erupción muchas veces en los últimos treinta años, pero a los noventa años, mamá lo vería por primera vez en su vida. Observamos su rostro con expectación, ya que no queríamos perdernos su expresión de asombro y admiración cuando viera el chorro de más de treinta mil litros de agua hirviendo que alcanzaba cientos de metros de altura en un espectáculo que duraba varios minutos. Cuando las aguas se calmaron, el público aplaudió con admiración ante el formidable espectáculo de la naturaleza. Mamá sólo se quedó mirando fijamente, boquiabierta, en apariencia sobrecogida por el esplendor.

La multitud se dispersó y nos dirigimos a los entarimados que pasaban por accidentes biológicos que tenían nombres como Anémona, Colmena, León, Espasmódica, Belleza y Cromática. Llevé a mamá tan cerca de la orilla como era posible para que pudiera admirarlos en toda su magnificencia. Esperamos con paciencia a que el suelo rugiera y lanzara breves torrentes de agua y vapor al aire.

—No te acerques demasiado —gritó ella cuando nos cayeron unas gotas del géiser.

Habíamos caminado algunos kilómetros cuando mamá decidió darme un descanso. Pidió caminar detrás de su silla de ruedas los últimos cien metros del entarimado que subía al Morning Glory Pool, un manantial de aguas termales verde brillante, adornado por bordes color anaranjado y amarillo. Una vez ahí lo observó mucho tiempo. Los colores creados por las bacterias sensibles al calor que vivían en temperaturas extremas eran fascinantes y parecía que no podía despegar la mirada del estanque.

Este estanque marcaba el final del sendero accesible a sillas de ruedas. Más adelante había un camino de grava que conducía a Biscuit Basin y a muchos otros géiseres. Me había emocionado la disposición mostrada por mi madre a llegar tan lejos, y le pregunté si le gustaría seguir adelante más allá del entarimado.

—¡Por supuesto que sí! —exclamó sin dudarlo.

Fue fácil empujar la silla de ruedas por el sendero irregular durante un rato, pero la pendiente iba en aumento y me estaba quedando sin energía. Estábamos casi a la mitad de la cuesta y ella quería seguir subiendo, extasiada por la experiencia. A pesar de su insistencia en que podía caminar el resto del camino a la cima, la pregunta era si yo podría bajar con ella, no subir.

—Creo que debemos volver —dije.

Usando los frenos de mano de la silla de ruedas, y a pasos mesurados, volvimos al sendero relativamente plano, pero pedregoso, en la base de la pendiente. Aún vigorizado por las endorfinas y adrenalina, divisé un sendero que llevaba a unas termas que podía ver humeando a la orilla de un río de corriente rápida. Intentaría llevar a mamá a verlas.

Mientras empujaba y tiraba de su silla en el camino de tierra, dando traspiés entre raíces y piedras, su cuerpo menudo se bamboleaba de un lado a otro, como si fuera una muñeca de trapo. Las manos arrugadas se aferraban con fuerza a los brazos de la silla de ruedas, tenía el entrecejo fruncido y los labios apretados. Se veía incómoda y tal vez un poco asustada, pero el cuerpo tenso y resistente sobrellevaba la situación.

Habíamos llegado muy lejos. Pero, aunque ahora podíamos alardear de haber llegado a la cima de las montañas Bighorn, nos hallábamos todavía en terreno espinoso en cuanto a lo emocional. Había años de distancia entre nosotros que había que salvar. En las últimas semanas, había conocido el lado chistoso y aventurero de mi madre y quería enseñarle todo lo que yo había visto, sin límites. ¿Podría ella confiar lo suficiente en mí para permitirme llevarla fuera de los caminos trillados para pasar sus últimos días?

* * *

Tenía poco más de tres meses de edad cuando aprendí qué era la confianza. Acababa de conocer a mis nuevos padres. Faltaban nueve días para la Navidad de 1957 y ellos acababan de recibir un regalo navideño antes de tiempo: yo.

Papá y mamá crecieron durante la Gran Depresión norteamericana. Mi abuelo paterno tenía trabajo esporádico en Toledo, Ohio, y no podía darle mucho a su familia.

—Compartíamos cinco rebanadas delgadas de mortadela frita entre nosotros seis para cenar —mamá nos contaba a menudo a mi hermana y a mí cuando éramos niños.

La familia de mi padre vivía en Toledo y no estaba en una situación mucho mejor. Lo mandaban a trabajar a la granja de una tía cada verano para aliviar en parte la presión económica que pesaba sobre su madre soltera. Por lo menos, había más comida en la mesa cuando vivía en el campo.

Los dos se alistaron como voluntarios durante la Segunda Guerra Mundial. Papá era oficinista en el Cuerpo Aéreo del Ejército, precursor de la Fuerza Aérea, y estaba establecido en Hickam Field en Hawái. Mamá siguió a su hermano mayor, Ralph, a la marina. Ralph tenía diecisiete años y era menor de edad cuando se alistó, pero mi abuelo no permitió que mi madre se alistara sino hasta que cumplió veinte años. Cuando tuvo edad suficiente se incorporó a las WAVES (un grupo exclusivamente de mujeres que colaboraban para los servicios de emergencia). Después de un entrenamiento básico en Nueva York, tomó un tren a través de Canadá, continuó hacia el sur a Nuevo México y luego hacia el oeste rumbo a California, al Hospital Naval de San Diego, donde trabajó como enfermera un año y medio. Le gustaba decirles a todos que había cumplido los requisitos para recibir paga internacional, por un periodo breve, porque el tren que transportaba las tropas había salido de suelo estadunidense. "Todo cuenta, por poco que sea", solía decir.

Al parecer no había admirado a las jóvenes jugadoras de futbol americano en el pueblo de Ten Sleep desde un punto muy lejano; supongo que su creencia en el "poder femenino" era tan firme como cuando se unió a las primeras mujeres de la marina, casi setenta años antes.

Ralph, el hermano de mi madre, y mi padre se volvieron buenos amigos después de la guerra. Ambos habían vuelto a Toledo y se reunían para tomar una cerveza o trabajar en sus automóviles. Él fue quien le presentó a mamá una noche en un bar, y se casaron al poco tiempo.

Después, cuando estaban radiantes de felicidad y el optimismo nacional dominó la vida en Estados Unidos durante la década de 1950, mis padres descubrieron que no podrían engendrar hijos. Después de cuidar y hacerse cargo de varios

niños de instituciones de beneficencia católicas durante esa
década, la organización por fin les dio un niño al que pudieron llamar hijo.

Cuando tenía unos seis años, mis padres me dijeron que
era adoptado. Apenas tenía edad en aquel entonces para entender el concepto, aunque en realidad no había ninguna diferencia para mí si era hijo biológico o no. Eran los únicos
padres que había conocido.

Eso ocurrió poco antes de que recibiéramos una llamada para anunciar que una hermanita pequeña venía en camino. Mamá y papá habían presentado una solicitud de otro
hijo inmediatamente después de mi adopción, pero los trá-
mites habían tardado muchos años. Recuerdo que oí sonar
nuestro teléfono de disco color beige. Mamá me pidió que lo
contestara. Me apresuré a pasarle el pesado auricular cuando la persona que llamaba pidió hablar con ella. Se emocionó
tanto durante la conversación que no pude esperar a que colgara para que me dijera qué estaba pasando. "¡Tu hermanita
llega la próxima semana!", exclamó, más animada de lo que la
había visto en toda mi vida. Yo ni siquiera sabía que la estábamos esperando.

El día que Stacy llegó fue feliz para todos. Cuando bajé
del autobús escolar, corrí por la acera hacia nuestra modesta
casa de varios niveles en Middlebury Street y subí corriendo
las escaleras hasta la primera puerta a la izquierda. Ahí, en el
rincón del dormitorio cerca de la ventana, vi por primera vez
a mi hermana en la cuna. Era pequeña y de piel rosada y tenía
muy poco pelo.

Mamá era ama de casa; preparaba las comidas, me hacía
mis disfraces de Halloween y me ayudaba a hacer mis tareas
escolares con tarjetas didácticas. Papá trabajaba en la empresa de suministro de electricidad regional y percibía un sueldo

decoroso. Éramos, sin duda, una familia de clase media, lo que constituía todo un logro para un hombre que había perdido a su padre a los dos años y había estudiado sólo la preparatoria.

Aunque mi padre era oficinista, tenía que trabajar turnos mixtos y días festivos. Los turnos matutinos se convertían en turnos nocturnos y éstos, a su vez, se convertían en turnos vespertinos sin motivo o causa aparente. Algunos días apenas lo veía unos momentos cuando se iba a acostar o a levantar. A veces aguzaba el oído en la puerta del dormitorio mientras el ruido del ventilador eléctrico ocultaba sus ronquidos. Con frecuencia anhelaba que saliera a jugar beisbol o a construir una pajarera conmigo.

Tal vez a causa de esto, tenía un lazo afectivo más fuerte con mamá que con papá. Después de todo, a ella le sobraba tiempo en la casa para pasarlo conmigo. Armada de un ejemplar del libro *El cuidado de su hijo* del doctor Benjamin Spock, atendía todos los consejos respecto a confiar en sus instintos y estar segura de sus destrezas como madre. Aplicó muchos de los principios del doctor Spock a mi crianza: las rutinas son agradables, pero los bebés no necesitan un régimen estricto; no hay que preocuparse si el bebé actúa raro; las ideas sobre la maternidad deben evolucionar; los bebés necesitan amor.

De ninguna manera este método para criar a los hijos me convirtió en un niño narcisista que carecía del respeto de sus padres, como aseguraban algunas de las críticas al método del doctor Spock. Todo lo contrario, diría yo. Sin embargo, ahora, en retrospectiva, me doy cuenta de que de ahí saqué mi tendencia a ser intensamente independiente. Mi madre confió en que me educaría bien y en que yo llegaría a ser una buena persona a causa de sus esfuerzos. Su seguridad en sí misma me ayudó a confiar en mí. Mi mayor esperanza era no decepcionarla.

Ahora entiendo que esta misma filosofía puede haber moldeado el carácter de mi madre también. Cuando el libro del doctor Spock salió al mercado en 1946, los médicos de Estados Unidos ya se habían establecido como la voz de la autoridad en asuntos de la salud. Spock dio permiso a los padres de la posguerra de confiar en sus decisiones. Mamá debe de haber echado mano de esta confianza cuando tomó la decisión de rechazar el tratamiento para el cáncer y les dijo a los doctores que se iba de viaje.

Mamá y yo habíamos estado separados muchos años por el tiempo y la distancia, y no teníamos ningún lazo biológico. Mi papá y mi hermana habían muerto. Mamá dependía de mí para darle de comer, tomar sus decisiones médicas y financieras y mantenerla a salvo. ¿Podría mi madre, en su época de vejez, fragilidad y enfermedad, contar con que yo haría todo lo mejor por ella en este viaje? ¿Confiaría en mí como yo confié en ella?

Me había privado de tener hijos y una familia propia porque no quería ese tipo de responsabilidad. La idea de irme a la cama todas las noches con la casa repleta de personas que dependían de que yo me levantara a la mañana siguiente y les brindara toda la seguridad financiera y emocional que un padre debe dar a sus hijos me parecía intimidante. La situación actual de mamá me estaba obligando a reconsiderar este compromiso. Nuestros papeles se habían invertido y ahora ella tenía que confiarme lo que quedaba de su vida.

* * *

Incliné la silla hacia atrás conforme nos dirigíamos a las termas junto al río para que las ruedas grandes de atrás pudieran pasar por encima de las raíces de un árbol gigante. Mamá sujetó con fuerza los brazos de la silla, tenía la cara tensa y todos los músculos apretados en un estado defensivo como si se estuviera preparando para el desastre.

—Norma, Tim está contigo. No te preocupes. Déjate llevar.

Sentí una especie de pausa, un punto de inflexión, como el que vivimos al subir la montaña. No podíamos seguir oponiendo resistencia el uno al otro. Habíamos pasado mucho tiempo creciendo cada uno por su cuenta, pero ahora éramos independientes. Teníamos que aprender a ser.

Entonces ocurrió algo maravilloso: mamá se dejó llevar por completo. Abrió los brazos a todo lo ancho como si estuviera abrazando el mundo. Las comisuras de la boca se levantaron, el pecho se abrió y una expresión de gozo puro se apoderó de su rostro. Su alegría era contagiosa y se extendió a mí y a Ramie, que tomó una fotografía de inmediato y captó el momento para la posteridad.

Ese día, la verdadera magia de Yellowstone tuvo lugar no en sus principales atractivos, sino durante ese camino accidentado hacia el río. Mi madre había sido por mucho tiempo la mujer fuerte y generosa que había experimentado la mayoría de las dificultades de la vida —penurias económicas, la muerte de una hija y de su esposo— y que se sentía más cómoda cuando decía: "No te molestes, no te preocupes por mí" que cuando pedía ayuda. Pero en ese momento me necesitaba... nos necesitaba. Si Ramie y yo queríamos cuidarla de verdad, todos teníamos que confiar recíprocamente entre nosotros; los tres teníamos que permitirnos ser vulnerables al viaje, a estos lugares y a nosotros mismos.

En aquellos brazos abiertos, mamá estaba abriendo también todo su ser con plena confianza. En ese momento, todos comprendimos que sólo gracias a la confianza podemos experimentar la fuente de libertad más profunda. Sin confianza, aprisionamos nuestra alegría y, literalmente, estamos conteniendo la respiración. Pero si sólo dedicamos un momento a recordar que tenemos a alguien más dispuesto a apoyarnos, encontramos la libertad de dejarnos ir, preguntar "¿por qué no?", y disfrutar de cada bache en el camino.

Posteriormente, seguimos por una parte plana del sendero pavimentado que nos llevó al centro de visitantes y mamá volvió a sorprendernos.

—Ya me empujaste todo el día —me dijo—. Déjame darte un descanso, permíteme empujarte un rato.

Nadie me había llevado nunca en una silla de ruedas, mucho menos mi anciana madre. Las personas con las que nos topamos en los senderos deben de haber pensado que venía empujando la silla desde hacía cierta distancia, a juzgar por las miradas de reojo y el movimiento de reprobación de las cabezas. De hecho, no fue por mucho tiempo ni remotamente, y Ramie grabó un video corto del esfuerzo, que reproducimos siempre que queremos reírnos. Los excursionistas que pasaban junto a nosotros no podían saber que lo que experimentamos ese día había sido mucho más que un paseo en silla de ruedas: sentimos la fuerza de la montaña y el abrazo mutuo, y saboreamos la dulce libertad de soltarnos y que alguien estuviera ahí para sujetarnos después de mucho denuedo.

Ramie y yo le recordábamos a mamá ese día siempre que nos dábamos cuenta de que desconfiaba en mi agilidad con la silla de ruedas o cualquier otro aspecto de nuestro viaje. "Timmy está contigo, Norma", le decía Ramie. "¿Recuerdas nuestro viaje a Yellowstone?"

Capítulo 5. Perspectiva

[Tim]

Del Parque Nacional de Yellowstone en Wyoming nos dirigimos rumbo al sur en nuestra casa rodante, siguiendo la sombra de la cordillera Wind River que atraviesa la Cuenca de la Gran Divisoria y bordea las montañas Medicine Bow, de camino a Colorado. El otoño estaba en todo su esplendor y las hojas de los álamos ondeaban en las ramas, su maravilloso color dorado contrastaba de manera extraordinaria con el cielo azul cobalto que sólo se ve en el oeste de Estados Unidos.

Habíamos estado viviendo en terreno muy elevado desde hacía más de un mes. Ramie y yo nos sentíamos aliviados de que mamá no experimentara muchos de los problemas físicos que sufren las personas cuando llegan a lugares de gran altitud. De hecho, su movilidad era bastante buena cuando arribamos a las cercanías del Parque Nacional de las Montañas Rocallosas. Podía desplazarse con seguridad apoyándose en su ligera silla de ruedas. Si se cansaba, se podía sentar un rato para recuperar el aliento antes de continuar. Cada día, mamá bajaba los peldaños de la casa rodante y salía a caminar por algunos de los circuitos del campamento y regresaba al lugar donde acampábamos, junto al río Big Thompson, con una expresión de evidente satisfacción. Sentada en su silla de ruedas, la cual colocábamos en la orilla del caudaloso río, y con Ringo a su lado, pasaba los días bebiendo té, tejiendo, leyendo o resolviendo acertijos de sudoku. La vida era buena para ella, pensamos.

Sin embargo, cuando salimos de Michigan el mes anterior, tanto Ramie como yo habíamos notado que el pie y el tobillo izquierdo de mamá estaban hinchados. Con la muerte de papá seguida casi de inmediato del diagnóstico de cáncer, en realidad no habíamos tenido tiempo de pensar mucho en eso. Entonces nos dimos cuenta de que la hinchazón había avanzado y ya le llegaba hasta la rodilla.

La pierna hinchada no fue lo único que había empezado a preocuparnos. También notamos que, con frecuencia, se mareaba muchísimo cuando se levantaba para ir al baño en el otro extremo de la casa rodante. La nariz le escurría de forma constante y dormitaba todo el día. Para mamá, cada visita al baño era un recordatorio de su diagnóstico de cáncer. Aunque no tenía dolor ni había ninguna indicación de que el tumor estuviera creciendo dentro de ella, sangraba y tenía que usar un par de toallas sanitarias todos los días, cosa que detestaba.

—Esto no está bien —apunté—. Quizá la altura está afectando su circulación después de todo.

—Me pregunto si no será que el problema son los efectos secundarios de algunos de sus medicamentos —respondió Ramie.

Mamá estaba tomando muchos medicamentos. Nos conectamos a internet a buscar algunas respuestas.

Mamá tomaba opiáceos tres veces al día para aliviar el dolor de la artritis crónica. Descubrimos que era probable que los opiáceos causaran mareo, confusión mental, náusea, estreñimiento y, dependiendo de la dosis, podían deprimir la respiración. Mamá presentaba muchos de estos síntomas, no obstante, seguía sufriendo dolor. Otro fármaco para el colesterol alto, que le recetó un médico muchos años antes podía explicar el catarro. Su médico se había ido de la ciudad y no había tenido seguimiento, pero en las últimas citas se había demostrado que mamá ya ni siquiera tenía alto el colesterol.

Nuestra investigación reveló, además, numerosos datos prometedores sobre la marihuana y sus derivados. Nos enteramos de que el cannabidiol (CBD) y el tetrahidrocannabinol (THC), los dos componentes principales de la marihuana, pertenecían a una clase única de compuestos conocidos como cannabinoides. El THC es famoso por ser el ingrediente psicoactivo de la marihuana, capaz de alterar el estado de ánimo, la conducta y la percepción. Este componente es también el que agudiza los sentidos, hace que la persona se sienta relajada y, a veces, induce el deseo de comer, mejor conocido como "munchies". Aunque eso podría haber sido excelente para mamá, ya que no le hubiera venido mal aumentar un poco de peso, me daba cuenta de que no le interesaría.

Sin embargo, el CBD es una sustancia que no es psicoactiva y actualmente está siendo investigada por sus importantes beneficios médicos. Ramie y yo leímos estudios de investigación que mostraban que tenía efectos positivos en pacientes que buscaban alivio de la inflamación, dolor, ansiedad, psicosis, convulsiones y espasmos. También descubrimos que en estudios clínicos se había observado que el CBD había reducido el tamaño de ciertos tumores cancerosos.

Nos sentíamos responsables de asegurar que mamá estuviera lo más cómoda y libre de dolor que fuera posible. Pero los efectos de sus medicamentos le impedían tener la confianza o la energía para abrazar la vida a plenitud y queríamos explorar otras opciones.

Valía la pena probar con el CBD. Al fin de cuentas, estábamos en Colorado que, en 2014, se convirtió en uno de los cuatro estados del país donde la marihuana es legal y accesible para cualquier persona adulta, incluso sin una tarjeta de marihuana medicinal. Claro que también sabíamos que en algún momento tendríamos que hablar con mi madre de todo esto.

A mamá empezaba a molestarle especialmente la pierna hinchada. Antes de salir de Presque Isle, nos había dejado absolutamente en claro que no sólo había decidido rechazar el tratamiento del cáncer, sino que también estaba harta de los médicos y no quería volver a verlos.

—No más pinchazos ni aguijoneos —aseguró.

Quería defender su intimidad y su dignidad. Sin embargo, nos dábamos cuenta de que se sentía molesta. Le pedí a Ramie que hablara con ella sobre el uso de una crema de cannabis, ya que creía que mamá podría tomarlo más en serio si Ramie se lo decía por mí.

Tenía buena razón para mostrarme indeciso. Una vez, cuando iba en la preparatoria (y mi mamá todavía me lavaba la ropa), se me olvidó sacar un porro de marihuana del bolsillo delantero de mi muy desgastada chamarra de mezclilla, antes de ponerla en la cesta de ropa sucia. Nunca conversamos al respecto, así era mi mamá. Pero al poco tiempo encontré una nota escrita a mano en el bolsillo de mi prenda recién lavada que decía:

Ojalá dejaras de fumar esta cosa.
—Mamá.

El cigarrillo de marihuana estaba bien envuelto dentro de la nota; era curioso que la mujer a quien tanto le desagradaba el hábito lo hubiera preservado amablemente, para que no se maltratara con los ciclos de lavado, enjuague y centrifugado de la lavadora.

Bajé de la casa rodante y, nervioso, me quedé cerca de la puerta de malla para oír la conversación. Ramie preguntó a mamá si había oído hablar alguna vez de la crema de cannabis, una loción para la piel que contenía CBD y otros aceites esenciales, como árnica, hierbabuena y enebro. Me sorprendió oírla decir: "Por supuesto".

—¿Estarías dispuesta a probarla? —preguntó Ramie con audacia—. Se supone que es buena para el dolor y podría ayudar a tu pierna. Podemos conseguirla aquí en Colorado.

—Sí, bueno. Supongo que me hará bien —respondió sin dudarlo.

* * *

Mis padres nunca habían consumido drogas recreativas, pero las farmacéuticas desempeñaron un papel importante en mantener vivo a mi papá.

En 1978, sufrió un ataque al corazón, que requirió una operación de bypass coronario. La primera operación exitosa de este tipo en un ser humano había ocurrido apenas diez años antes, y aunque en 1977 los cirujanos realizaban cien mil procedimientos cardiacos al año, me preocupaban las probabilidades de mi padre. Acababa de mudarme de Colorado a Ohio, recuerdo que volví a casa en avión para estar con la familia durante la operación (después me enteré de que el padre de Ramie murió de un ataque al corazón ese mismo año).

Por fortuna, papá sobrevivió a la operación, pero resultó que lo que realmente tenía era una enfermedad coronaria progresiva. No había nada que pudiera curarla en realidad. Se sometió a dos operaciones más, después de aquella primera cirugía. Durante casi cuarenta años hizo todo lo que sus médicos le indicaron y tomaba todos los medicamentos que le recetaban para mantenerlo vivo, como le decían, sin jamás cuestionar nada.

La primera vez que llevé a Ramie a conocer a papá, él tenía setenta y dos años y se hallaba en bastante buena forma, pero ya no podía hacer todo lo que probablemente quería. Vi cómo lo frustraban sus limitaciones físicas cuya causa principal, no tengo la menor duda, era tener un corazón así de dañado. Sin embargo, a lo largo de los años fui testigo de cómo se intensificaba su frustración cuando otra tarea doméstica o pasatiempo se volvía inaccesible para él.

—Hagas lo que hagas, hijo, no envejezcas —me aconsejaba.

Al final no pudo seguir su propio consejo.

En nuestra visita, un año antes de que papá muriera, Ramie y yo entramos en su modesta casa de ladrillos y hallamos a un hombre totalmente desaliñado e irritable.

—Gracias a Dios que llegaron —exclamó mamá, fuera de quicio, cuando nos vio entrar por la puerta trasera. Luego nos contó que habían estado encerrados, sin salir de casa semanas enteras, porque mi papá no podía conducir el automóvil familiar; se había salido del camino cuando manejaba su camioneta gris la última vez que intentó recorrer los treinta y dos kilómetros que los separaban del pueblo para ir por víveres y medicamentos.

En la sala, mi padre estaba sentado en la orilla de su sillón reclinable favorito. Estaba atontado y casi no podía hablar. Ya estaba anocheciendo, pero su apariencia personal, normalmente esmerada, había sido sustituida por un cabello enmarañado y una barba crecida de tres días. En lugar de sus pantalones acostumbrados de L. L. Bean y una camisa de botones limpia, llevaba puestos unos pantalones deportivos holgados y una sudadera sucia y parte de la camiseta asomaba por debajo. Al principio, los dos pensamos que era una especie de broma. A papá le encantaban las bromas. Pero resultó que ésta no era una de ellas.

No pudimos deducir mucho de lo que mis padres nos dijeron, excepto que todos los doctores a los que papá había visitado últimamente habían coincidido en que se hallaba bien de salud. Como era evidente, algo andaba mal, pese a todo lo que los médicos habían dicho, por lo que decidimos intervenir en su situación médica.

—¿Cómo puede papá llevar el control de todas estas pastillas? —pregunté, al ver la gran cantidad de frascos de plástico color ámbar en la alacena de la cocina, cerca del fregadero.

—Timmy —llamó Ramie—, hay más frascos aquí, en esta caja.

—¿En serio está tomando todo esto? —los dos preguntamos en voz alta.

Extendimos todos los frascos en el piso de la sala frente al sillón de papá. Las etiquetas tenían nombres largos e impronunciables, impresos de manera ordenada debajo de su nombre, y podía volver a surtirlos numerosas veces. Metódicamente, revisamos cada medicamento, haciendo nuestro mejor esfuerzo por decir bien los nombres, mientras se los enseñábamos a papá.

—¿Para qué es esto? —preguntábamos respecto a cada uno.

—Qué sé yo, ¿cómo diablos voy a saber? —respondía sin cesar y se ponía cada vez más tenso.

Mis padres no tenían internet en su casa, por lo que fuimos a la biblioteca del pueblo a investigar. Descubrimos que papá utilizaba los fármacos habituales para reducir la presión arterial y el colesterol, otro era para evitar coágulos, un diurético le ayudaba a eliminar agua durante el día y una píldora evitaba que orinara por la noche, además necesitaba otra pastilla para dormir. Averiguamos que uno de los medicamentos le producía náuseas, por lo que había ido con otro doctor para que le diera algo para eso. Era cuento de nunca acabar. Cuando vimos que un medicamento era para la depresión, estallé. "Papá fue un hombre feliz toda su vida. ¿Qué podía haberlo deprimido?", quise saber.

Poco a poco caí en la cuenta de que el hombre competente y ordenado que había conocido y amado se estaba convirtiendo en esta persona que acabábamos de dejar en casa, desaseada, confundida e infeliz no porque estuviera enferma, sino a causa de la acumulación sin freno de todos los fármacos que estaba tomando y que tenían el propósito de mantenerlo sano. ¿En qué momento el cuidado médico había cruzado el umbral de controlar la enfermedad a ocasionarla?

Como si cada uno de los efectos secundarios de estos fármacos no fueran suficientemente alarmantes, no tardamos en averiguar que las consecuencias de combinar algunos de ellos eran todavía más aterradoras. Teníamos veinticuatro frascos de medicamentos diferentes frente a nosotros y, al parecer, posibilidades infinitas de reacciones contraproducentes. Tratamos de ir hacia atrás y relacionar sus síntomas con los efectos secundarios conocidos de cada fármaco. Después de examinar con detenimiento la información de las empresas farmacéuticas, nuestras conclusiones explicaban en gran medida su estado actual.

Nuestro siguiente paso fue solicitar citas con todos los

doctores que lo estaban recetando. Uno por uno, fuimos con papá para hablar de cada medicamento.

Un especialista en neumología rebuscó los documentos de la derivación que le había enviado otro doctor; su nerviosismo era palpable cuando intentaba responder penosamente preguntas sencillas sobre la salud de mi padre. Resultó que en realidad no sabía de qué lo estaba tratando; él simplemente se había concretado a aceptar la derivación de otro médico; así que cancelamos la siguiente cita que papá tenía con él.

Otro médico no tenía idea de que papá ya estaba tomando un medicamento que tendría una reacción adversa si se combinaba con el que él le había recetado. Le informamos lo que habíamos investigado y realizó los ajustes necesarios.

Otro doctor admitió que la pastilla para dormir que estaba tomando papá quizás era demasiado fuerte para él y coincidió con nosotros en que un auxiliar para dormir, de los de venta libre, probablemente funcionaría igual de bien, y así fue.

Habíamos llegado tarde al juego, pero no nos tomó demasiado tiempo darnos cuenta de que se necesita un intermediario bien informado que no tenga miedo de hablar para tratar con la comunidad médica. Medicare y un buen plan de seguro que cubriera los medicamentos recetados abrían todo tipo de puertas para un anciano como papá, pero nadie lo había guiado por el laberinto de la poderosa industria médica. Cada doctor parecía tener una píldora para curar cualquier mal, y me daba la impresión de que papá las estaba tomando todas. Las aseguradoras estaban dispuestas a pagar a las empresas farmacéuticas; al parecer, era muy fácil conseguir un diagnóstico y ninguno de los muchos especialistas que trataban a papá hablaba con los demás. La medicina había salvado y prolongado la vida de mi padre muchas veces, pero estos remedios no estaban funcionando. A los ochenta y siete años, estaba tomando medicamentos para aliviar los efectos secundarios de otros medicamentos, lo que añadía más efectos e interacciones. ¿Acaso esto era vida? ¿Acaso esto era salud?

Asumimos el papel de intermediarios médicos de mi padre y trabajamos para conjuntar las recomendaciones de cada médico, eliminar algunos de los fármacos que papá había estado tomando y reducir, al mismo tiempo, las dosis de otros. Nos quedamos más tiempo que de costumbre durante ese verano, pero nos aseguramos de que todo marchara sobre ruedas antes de irnos.

La mañana que nuestro remolque salió de la entrada de su casa, mi padre había vuelto a ser el mismo de antes, completamente funcional. Mamá se hallaba en el jardín, quitando las hierbas y cortando lavanda que luego pondría a secar para hacer adornos. Papá estaba bajo su tractor de jardín, arreglando la banda. Y Ramie y yo, embargados de emoción, nos sentimos agradecidos de que mis padres todavía tuvieran calidad de vida. También teníamos mucho más conocimiento de cómo funciona la medicina moderna.

*　*　*

Dos días después de que mamá y Ramie hablaran de conseguir la crema de cannabis, subimos a la camioneta y fuimos a un dispensario que yo había visitado con anterioridad. Mamá iba sentada en el asiento posterior, ignorante de nuestra misión, mientras seguíamos la carretera, al pie de las montañas, que nos conduciría a Boulder. Las planicies se extendían hacia el este y podíamos ver kilómetros adelante en ese día claro. Casi como una profecía, la radio satelital de la camioneta estaba sintonizada con The Joint, una estación de reggae; la música rastafari parecía ser la pista de sonido más apropiada para un viaje que nunca creí que haría con mi madre.

Valía la pena el esfuerzo; de hecho, sentíamos que teníamos la responsabilidad de hacer esa exploración con mamá. Por mi padre sabíamos que a veces la medicina convencional sanaba, pero que, en ocasiones, dañaba más que ayudar.

Mi madre se estaba muriendo, pero había elegido la aventura y la dignidad, en lugar de tratamientos invasivos que podían prolongar o también acortar su vida. Con esos tratamientos, seguramente habría pasado sus últimos días en hospitales donde la llenarían de sustancias químicas para matar el cáncer. Así pues, parecía absurdo que pasara el resto de su vida medio dormida por las medicinas para aliviar el dolor, con las articulaciones tan hinchadas que no pudiera moverse y sangrando continuamente. Lo que mi madre quería era calidad de vida. Era nuestro deber explorar todas las opciones, incluso si ello implicaba abordar un tema incómodo.

—Tim, tienes que decirle a tu madre hacia dónde vamos —insistía Ramie.

—Tú dile —respondí, nervioso.

Ramie rara vez jugaba esta carta, pero esa vez lo hizo:

—Es tu madre. Tú tienes que decírselo.

Tenía razón; no podíamos entrar con mamá, así como si nada, en la "tienda de marihuana", sin advertírselo.

Bajé el volumen de la música y levanté la voz para que pudiera oírme, allá atrás.

—Mamá, vamos a ir a una tienda de marihuana en Boulder para comprarte algo para el dolor, ¿de acuerdo?

Una voz fuerte y decidida se oyó por encima de los ritmos apenas audibles de reggae:

—Ah no, por supuesto que no —repuso mamá.

—Semántica, Tim, semántica —susurró Ramie—. Le parece bien "cannabis", no "marihuana".

Entonces dijo en voz alta:

—Norma, ¿recuerdas que el otro día hablamos de la crema de cannabis para tu pierna?

—Sí, claro —respondió ella.

—Ahí es a donde vamos a ir —la tranquilizó Ramie—, a ver si podemos conseguirte esa crema.

—Ah, creo que eso está bien —concedió.

—¡Uf! La libramos por poco —dijimos Ramie y yo, mientras la camioneta avanzaba entre el tráfico de Boulder.

Al cabo de veinte minutos llegamos al estacionamiento del dispensario y me estacioné en el lugar para discapacitados cerca de la puerta trasera. En mi época de estudiante universitario en Boulder, este lugar era una vieja tienda de Dunkin' Donuts.

En lugar de donas glaseadas y café caliente, la tienda ofrecía ahora flores, comestibles y extractos de cannabis. Sentamos a mamá en su silla de ruedas y nos acercamos al guardia de seguridad apostado en la entrada.

—Tendré que verificar si esta jovencita tiene edad suficiente para entrar —bromeó; su físico modesto lo hacía verse mucho menos amenazador que uno de esos tipos que sacan borrachos de los bares. Escaneó nuestras identificaciones con un lector de tarjetas—. Les aseguro que su información se mantendrá como confidencial y no se compartirá con las autoridades —añadió.

Entramos, tomamos un número en el kiosco y nos sentamos en la atestada sala a esperar nuestro turno para pasar al área de ventas.

—¿Te sientes cómoda con esto, Norma? —preguntó Ramie, al tiempo que observaba el diverso grupo al que nos habíamos integrado, en lo que parecía y se sentía más como una sala de estar que cualquier otra cosa. Queríamos que se sintiera cómoda a cada paso del camino.

Ya había caído la tarde y, al parecer, nos hallábamos entre el grupo de personas que iban después de salir de trabajar. Una enfermera con uniforme de quirófano estaba sentada en el rincón, enviando mensajes de texto en su iPhone. Dos pintores de casas, cuyas camisetas blancas estaban manchadas por brochazos coloridos, estaban sentados frente a nosotros, y muy cerca había dos hombres que llevaban camisas con el logotipo de una empresa constructora local y charlaban sobre un trabajo. Una joven blanca con rastas y un aro en la nariz daba vueltas por la sala y dejaba a su paso un olor a pachuli. Miró el contador digital numérico, como el que se ve en cualquier delicatessen, a la espera de que su número apareciera. Un hombre de negocios vestido de traje leía un periódico. Me sorprendió la normalidad y la variedad de personas que había en la sala; ahí se encontraba gente común y corriente, como la que se ve en las calles o supermercados. Mamá debe de haber coincidido con mi apreciación porque respondió "sí" a la pregunta preocupada de Ramie. Sus facciones dejaban entrever que no estaba nerviosa.

Cuando llamaron el número cuarenta y tres, Ramie y yo nos levantamos y entregamos el boleto de papel a una mujer que nos invitó a pasar por una puerta que llevaba hacia el recinto interior del dispensario. El cuarto grande y bien iluminado estaba rodeado con exhibidores de vidrio y nos sorprendió verlo repleto de personas que eran atendidas por una docena de empleados.

—Por aquí —se oyó una voz desde el rincón.

Una chica nos hizo un ademán con la mano y llevamos a mamá en su silla de ruedas al otro lado del ajetreado local.

Nuestra "budtender" —una variación juguetona de la palabra "bartender" o cantinero— era una joven agradable que dirigía su propia sección del mostrador. A su lado había un refrigerador con puerta de vidrio que contenía muchos comestibles de marihuana que estaban a la venta. El surtido de galletas, brownies, pasteles de queso y caramelos, cuya potencia estaba indicada en la etiqueta, fascinó a mamá.

Además de pipas de vidrio, vaporizadores y otra parafernalia, también había recipientes grandes llenos de variedades de marihuana "de boutique", conocidas por sus matices en color, potencia, sabor y aroma, como ocurre con los vinos. Como los empleados les estaban mostrando los capullos de marihuana bien podados a los clientes cerca de nosotros, pronto percibimos el olor pungente y un poco parecido al que desprenden los zorrillos. Me parecía algo verdaderamente irreal estar ahí con mi madre.

Pero no habíamos ido por las flores o los comestibles. Lo que nos interesaba era los productos exhibidos en las repisas y que colgaban de ganchos tras el mostrador: los productos de marihuana medicinal que contenían CBD.

—Hola —empecé—. Le presento a mi madre de noventa años, Norma; le interesan algunas de sus cremas tópicas con CBD.

—Vaya, no vemos a muchas personas de noventa años por aquí —respondió nuestra consultora. Visiblemente emocionada por recibir a una anciana en silla de ruedas en el dispensario, llamó a uno de sus compañeros de trabajo para compartir la novedad y su conocimiento de los productos.

—Sí —continué—, estamos buscando una crema o loción que pueda ayudarle a mi madre con la artritis y la hinchazón de la pierna —miré a mamá y ella se subió un poco la pierna del pantalón para dar mayor énfasis a mis palabras.

En el transcurso de la siguiente media hora hicimos docenas de preguntas y aprendimos más de lo que hubiéramos creído posible sobre los productos de CBD y su uso. Nos mostraron aceites, tinturas y cápsulas. Deliberamos un poco, antes de decidir comprar un frasco pequeño de crema para el dolor con potencia extra, para probarla en la pierna y las manos.

Como mamá se mostró interesada y curiosa durante nuestro intercambio sobre los productos de CBD y cómo funcionaban, pensé que era buena idea ir un poco más lejos y propuse que podríamos probar este enfoque para el manejo general del dolor. Les comenté a los dos expertos en cannabis que estábamos pensando en sustituir los opiáceos de mamá con cápsulas de CBD. Ellos nos recomendaron cautela.

—Hemos visto que estos productos funcionan para el dolor —dijo el hombre—, pero quizá sería mejor tomar por un tiempo el CBD además de los medicamentos normales. Su madre puede dejar de tomar poco a poco los opiáceos si ven que funciona.

—Me parece muy bien —aceptó mamá.

Salimos del edificio con la crema de cannabis y un frasco de cápsulas de cinco miligramos de CBD.

Mamá frotó la pierna hinchada y las manos nudosas con un poco de crema de cannabis a las 9 de la noche, que era su hora de acostarse, esa misma noche. A la mañana siguiente, no podía esperar a salir de su dormitorio para mostrarnos que la hinchazón había bajado de manera muy importante, por lo menos 50 por ciento. Se veían los pliegues donde la piel se había encogido. También sentía mejor sus manos artríticas.

Mamá comenzó también a tomar las cápsulas de CBD. Al principio, actuamos despacio, pero mejoró tanto que en tan sólo una semana pudo dejar de tomar los opiáceos por completo. Tuvo algunas noches de sueño inquieto cuando empezó, pero no mucho tiempo después una cápsula de CBD al día la mantenía más tiempo sin dolor que su medicamento prescrito. Todos estábamos felices.

Pronto eliminamos, de manera responsable, la mayoría de los medicamentos que tomaba mamá. Su mareo, letargo y escurrimiento nasal eran sólo un recuerdo. Ahora controlaba mejor el dolor sin ninguno de los desagradables efectos secundarios.

Por supuesto, no somos especialistas médicos, pero cuando tuvimos que hacernos cargo de mi madre de noventa años, tuvimos que preguntarnos: ¿de qué servía un medicamento si le había quitaba la alegría de vivir? ¿Si la dejaba somnolienta todo el día? ¿Si le ofrecía una larga lista de efectos secundarios a cambio de controlar malamente el dolor? La calidad de vida es un asunto de suma importancia que la comunidad médica apenas empieza a analizar a profundidad. Lo único que podemos decir es que el deseo de mi madre, desde el instante de su diagnóstico inicial, era experimentar todo lo que la vida le ofrecía como fuera posible. Nuestro deseo fue respetar el suyo, sea como sea.

Cuatro días después de que mamá inició su tratamiento de CBD, mientras yo salía a caminar con Ringo, le susurró algo a Ramie como si las paredes pudieran escucharla.

—Creo que dejé de sangrar —musitó.

—¡No me digas! —exclamó Ramie.

—Creo que tenemos que volver a esa tienda de marihuana —continuó mamá en voz baja.

Por lo tanto, volvimos.

Capítulo 6. Sueños

El pueblo jemez, Nuevo México
Noviembre

[Ramie]

Cuando emprendimos este viaje, mi suegra sólo podía pensar en un lugar del país que quería ver sin falta: Nuevo México. Todo lo demás podíamos decidirlo día a día, pero sabíamos que a la larga debíamos ir ahí. No nos dijo por qué la "Tierra encantada" la cautivaba de ese modo. En este caso, nos hallábamos en una especie de búsqueda del tesoro.

Acabábamos de visitar Prescott y llevamos a Norma a experimentar la maravilla del Parque Nacional del Gran Cañón antes de dirigirnos al este sobre la carretera I-40 hacia Gallup, Nuevo México. Mientras recorríamos el desierto variopinto, hablamos de la posibilidad de detenernos en el Museo Nacional de la Segunda Guerra Mundial, en Nueva Orleans, después de nuestra estancia en Nuevo México; y antes de ir al este, hacia Florida, para pasar ahí el invierno. Norma estaba tan emocionada de ir a ese museo que me hizo pensar. Tal vez el deseo de Norma de ver Nuevo México nacía del único viaje en ferrocarril que había hecho a través del continente en 1945.

Ese año, Norma tenía sólo veinte años y dejaría su hogar por primera vez en su vida para trabajar como enfermera en el Hospital Naval de San Diego. Antes de ofrecerse para hacer su servicio de voluntariado en la Segunda Guerra Mundial, no se había alejado más de treinta y cinco kilómetros de su casa, en Toledo.

Imaginé a una joven menuda y bonita, de cabello castaño bien peinado, apoyada en la ventana del carro de pasajeros, mientras el tren que transportaba a las tropas avanzaba por el paisaje yermo y desértico del suroeste del país. Todo era desconocido, todo era nuevo. Ella debió de haber sentido reseca y tirante la joven piel lozana a causa del aire árido. Sus ojos debieron de haber contemplado lugares y personas que sólo había imaginado gracias a las películas de vaqueros y los libros ilustrados.

¿Qué había visto? ¿Pasó por terrenos salvajes donde las vías del ferrocarril eran prueba de las intrusiones de los colonizadores de antaño? ¿Divisó pueblos de casas de adobe desde aquella ventana? Quizá los niños nativos jugaban en la tierra cuando pasó el tren, o vio a madres que llevaban a sus pequeños envueltos en telas tejidas de colores y a los niños que se sujetaban con fuerza del cabello negro, largo y lacio de sus madres.

Tal vez vio un brillante amanecer dorado cuando el tren recorrió las vías al dejar atrás Santa Fe y Albuquerque para seguir hacia el oeste rumbo al soleado San Diego. Quizá se quedó muda de asombro al ver los ángulos afilados del paisaje sin vegetación y el cielo abierto, que contrastaban vivamente con su tierra natal, una ciudad industrial bulliciosa definida por chimeneas y tranvías.

Ese viaje había tenido lugar hace más de setenta años. Le pregunté a Norma por ese viaje, ya que anhelaba conocer cada detalle, pero ella no pudo recordar mucho, salvo que pasó de largo sin detenerse. No la puedo culpar de no recordar; había pasado mucho tiempo. Lo que sabíamos a ciencia cierta era que Nuevo México había dejado una huella profunda en ella. Después de todo ese tiempo, teníamos el deber de ayudarla a experimentarlo.

* * *

—¿Qué te parece ver el Cañón del Chaco? —pregunté a Norma—. Aunque puede ser difícil maniobrar con la silla de ruedas por los senderos que discurren por las antiguas ruinas. Quizá tengas que caminar con tu bastón. Pero se ve estupendo —durante el viaje por carretera, pensé en voz alta en todas las cosas maravillosas por las que Nuevo México es famoso y las puse a su consideración.

Norma, como es comprensible, se mostró dubitativa respecto al esfuerzo físico que el Cañón del Chaco exigía.

—No estoy segura de poder caminar en ese terreno —respondió.

Ya habíamos pasado Gallup y nos encontrábamos muy cerca del Campamento Coronado en Bernalillo, Nuevo México, que sería nuestra base los próximos días.

Mark, nuestro amigo de Baja California, iría de Durango, Colorado, a acampar y a pasar un tiempo con nosotros.

—Mmm... Old Town Albuquerque parece divertido —intenté de nuevo después de estacionarnos. Con cada sugerencia esperaba una reacción positiva de Norma—. Hay mucha historia ahí, además de buena comida y artesanías —le comenté.

Todo lo que obtuve por respuesta fue otro "Ah, no sé".

La migración anual de miles de grullas canadienses en la zona era interesante para mí, desde el punto de vista fotográfico, pero a ella esa idea tampoco le llamó la atención.

—¿Qué opinas de visitar el Museo Internacional del OVNI en Roswell? —pensé que podría reírse un rato al ver las rarezas alienígenas de la colección.

—Bueno, quizá —repuso, pero su voz dejó translucir su reticencia. Hacía muchas opciones, pero ninguna parecía atraerle.

"¡Pero, claro!", pensé esa noche cuando vi a Tim en la mesa del comedor, él llevaba puesta una camiseta que Norma le había dado de una organización de beneficencia para niños indígenas a la que ella había hecho pequeños donativos a lo largo de los años. Era sólo una de las muchas instituciones con las que había contribuido y la camiseta era un regalo de agradecimiento por su donativo.

—De seguro te gustaría ver una comunidad indígena, ¿cierto, Norma?

Fue la primera idea que despertó una chispa de interés en ella.

—Sí, creo que me gustaría mucho —respondió.

De inmediato empecé a buscar que tuviera una experiencia genuina de la cultura con la que se había conectado hacía mucho tiempo. Cuanto más hablábamos al respecto, tanto más claro me quedaba: ningún lugar turístico serviría. Norma quería ver casas auténticas de pueblo, quería compartir una sonrisa con la gente, quería percibir los verdaderos olores y sonidos de la vida cotidiana de los nativos, admirar sus artesanías y pasar discretamente un rato con ellos. Era algo difícil de lograr, porque las comunidades indígenas son muy privadas y están muy protegidas, con justificada razón. No creía que ese tipo de experiencia existiera todavía, pero estaba dispuesta a investigar más.

En internet me enteré de que muchos pueblos tienen días en los que festejan a su santo patrono. Por lo general, las ceremonias y danzas tradicionales no están abiertas al público, pero algunas celebraciones indígenas tienen muchos elementos católicos, consecuencia de los intentos de los españoles por imponer el cristianismo a los pueblos indígenas. Averigüé que algunas de estas comunidades recibían bien a los visitantes que iban a presenciar las celebraciones de influencia católica en las que festejaban a su santo patrono. Seguí leyendo para tratar de comprender cómo funcionaba todo esto y busqué las fechas de las festividades de los pueblos próximos. Cuando me topé con la página web del pueblo más cercano a nosotros, no pude creer lo que estaba viendo.

—¡Dios mío! ¡Es mañana! ¡No puedo creerlo, es mañana! —les grité a Tim, Norma y Mark, que había encontrado nuestro campamento y estaba sentado en ese momento con nosotros en la casa rodante.

—¿Qué es mañana? ¿De qué estás hablando? —preguntaron todos.

Me di cuenta de que había estado trabajando en internet en este plan, desde hacía tanto tiempo que todavía no les había contado nada a los demás. Tim no tenía idea de lo que estaba diciendo, tampoco Norma o Mark.

—¡Mañana debemos ir a un lugar llamado Walatowa! —continué. Norma paró la oreja en cuanto percibió mi emoción—. ¡Ah, es maravilloso!

—Pensé que era un pueblo cerrado. ¿Estás segura? —intervino Mark, que conocía un poco mejor la zona que nosotros—. Es el pueblo jemez, ¿verdad? —intentó atemperar mi entusiasmo.

—El pueblo está cerrado trescientos sesenta y cuatro días al año, ¡pero mañana no! ¡Debemos ir! ¡Estoy totalmente segura! —no podía contenerme. Simplemente sabía que ésta era la experiencia que Norma estaba esperando, pero no podía explicárnosla. La expresión de su rostro me lo confirmó—. La celebración anual de la festividad de su santo patrono, san Diego, es el doce de noviembre —anuncié, pensando que algunos detalles específicos ayudarían a todos a creerme.

Pero las respuestas de Mark y Tim no importaron tanto como la de Norma:

—¡Vaya! —fue lo único que tuvo que decir. Iríamos, no había duda.

En una búsqueda de internet sobre Walatowa, aprendí que el vocablo *towa* significa "éste es el lugar". Parecía cosa del destino. Aunque el Centro de Visitantes de Walatowa, situado a la orilla de la autopista, estaba abierto a los turistas, el pueblo jemez, propiamente dicho, estaba cerrado al público. Sin embargo, ese día de noviembre se permitía a los visitantes asistir a una danza pública. Nos hallábamos exactamente en el lugar indicado, exactamente en el momento más oportuno.

Nuestro destino estaba a sólo treinta minutos de nuestro campamento, pero aún no teníamos idea de en qué nos estábamos metiendo cuando subimos a la camioneta ese día de fiesta. No había fotografías disponibles en internet y, a decir verdad, había muy poca información sobre el evento, además, gracias a Dios, del protocolo que debía observarse para visitar una comunidad indígena. La regla más apropiada para mí fue: "No se permite tomar fotografías".

La carretera estatal que pasa por el pueblo era relativamente anodina; serpenteaba entre las mesetas de arenisca roja que dominaban el horizonte. Cuando salimos del pavimento para entrar en el pueblo, se puso de manifiesto que algo especial estaba sucediendo. Había automóviles estacionados por todas partes en las callejuelas estrechas y accidentadas, y grupos de personas caminaban hacia la plaza principal. Por lo general, la matrícula de estacionamiento para discapacitados que tenía Norma nos habría permitido conseguir un magnífico lugar de estacionamiento, pero no en esta ocasión. Tendríamos que caminar un buen tramo para llegar al centro del pueblo.

Respiré hondo y dejé mi cámara en el automóvil. Tim, Mark y yo nos turnamos para empujar y arrastrar la silla de ruedas de Norma por la comunidad. Los carriles de arena blanca eran suaves y tenían la profundidad suficiente para tragarse los neumáticos. El olor a copal permeaba el aire en el que también se percibían los aromas más sutiles de tamales y pan. A lo lejos, oíamos el redoble inconfundible de los tambores ceremoniales.

Sin una lente fotográfica a mis alrededores, intenté con desesperación captar cada momento en mi mente, el obturador humano de mis ojos funcionaba como si lo impulsara un motor. Tardé un rato en concentrarme en estar presente. Sentí que respiraba de manera diferente, un poco más despacio y más relajada. Pensaba que hasta ese momento del viaje con Norma nos las habíamos arreglado bastante bien para vivir en el presente. Pero en cuanto me vi obligada a dejar mi "capturador de recuerdos", me di cuenta de cuánto había estado tratando de ver la vida a través de los ojos de Norma y no a través de los míos. En ese momento estaba siendo testigo de mi propia apertura.

La arena se volvió tan profunda que no podíamos desplazarnos con rapidez a ninguna parte del atestado pueblo. Espontáneamente, Mark y Tim nos dijeron a Norma y a mí:

—Vamos a ver cómo está la situación —y se marcharon. Dando saltitos entre pasos, como dos niños de once años en una feria del condado, liberados de pronto de sus padres, se dirigieron hacia los tambores.

Este acto impulsivo también significaba que se habían liberado de la silla de ruedas, y Norma y yo no podíamos movernos.

Por fortuna, no pasó mucho tiempo antes de que ambos regresaran y venían con la emoción pintada en el rostro y los ojos muy abiertos.

—¡Descubrimos por qué estamos aquí! ¡Vamos, mamá! —Tim y Mark tomaron cada uno un lado de la silla de ruedas de Norma, la levantaron y la llevaron como una reina en un palanquín hasta que llegaron a un terreno más firme.

Al doblar la siguiente esquina, llegamos al centro del pueblo. Todo era hermoso en su sencillez.

Ver la ropa limpia de colores secándose en los tendederos y los perros deambulando frente a nosotros nos hizo darnos cuenta de que éste era un vecindario y no una exhibición histórica viviente.

Había filas atestadas de sillas de jardín, dispuestas en círculo alrededor de la calle principal de la comunidad, donde se veían cientos de personas que ya se habían instalado para pasar el día. Notamos que sólo había algunos rostros no nativos, además de los nuestros. Como recién llegados a las festividades, tendríamos que buscarnos un buen lugar para ver.

—Deberíamos haber llegado hace horas —suspiré—. ¿Norma podrá observar lo que está pasando?

Pero entonces ocurrió algo extraordinario. Por más apretujados que estuvieran los espectadores en los espacios que habían conseguido ellos y sus familias, en silencio se hicieron a un lado para que pasara Norma, la anciana respetable en silla de ruedas. Al avanzar, los rostros amables nos saludaban con un movimiento de cabeza y con gentileza se hacían a un lado. No pude evitar que me vinieran a la mente todas las consultas y estudios médicos a los que Norma se había sometido hacía unos meses. El tipo de dignidad y reverencia hacia los ancianos expresada aquí representaba un marcado contraste con la manera en que habían tratado a Norma y

Leo: simplemente como un problema médico que había que resolver.

Por fin, encontramos un lugar cómodo para Norma en uno de los extremos del patio, al frente y al centro, mientras nosotros tres nos arrodillamos alrededor de su silla de ruedas. Vimos que cientos de miembros del pueblo, hombres y mujeres, jóvenes y viejos, participaban en la danza de la festividad de san Diego. Todos iban vestidos con maravillosos trajes tradicionales. Bailaban en formación y cada danzante se movía acompasadamente al ritmo de varias docenas de tambores y los cánticos de muchos hombres.

No había aplausos al final de cada danza, ya que estas personas bailaban por motivos que no tenían nada que ver con una recompensa externa. No mirábamos un espectáculo, sino una celebración espiritual; no estábamos asistiendo a una representación teatral, sino presenciando una meditación, una oración en movimiento, una conexión con la Madre Tierra y el Padre Cielo, una tradición que los ancianos habían transmitido por generaciones.

En presencia de esta danza sagrada, entendí el enorme poder que tienen estas tradiciones. Ni Tim ni yo provenimos de familias ricas en tradiciones o ritos. Estaba asombrada por la belleza intergeneracional, el compromiso con la cultura y el esplendor de la gente.

Me dio la impresión de que Norma coincidía conmigo.

—Esto verdaderamente es algo especial —me dijo arqueando las cejas cuando me arrodillé a su lado.

Cuando regresamos al campamento, algunas horas después, todos sentíamos que nuestros corazones aún latían al ritmo de los tambores situados a casi cincuenta kilómetros al norte. Cansada y adolorida por la emoción del día, me senté en el piso de la casa rodante y descansé las piernas mientras

escuchaba a Tim, Mark y Norma rememorar todo lo que habían visto y oído. El brillo en los ojos de Norma me hizo pensar en aquella joven del tren militar. Con toda la vida por
delante, había buscado la aventura en el servicio militar y había viajado a través del país hacia lo desconocido. Ahora, al
cabo de todos esos años, estaba ahí, sentada en otro vehículo
con ruedas, con una sonrisa enorme y consumada que iluminaba cada arruga de su rostro, viajando hacia lugares desco-
nocidos, en otra aventura.

Esa noche, a las nueve, la hora que ella misma había fija-
do para acostarse, la tomé de la mano derecha y Norma apoyó
la otra en el mango de su fiel bastón. De pronto, y sin ponernos de acuerdo, las dos empezamos a cantar y bailar hacia el
fondo de la casa rodante y nos sentimos muy bien. Volvimos a
hacerlo a la noche siguiente y también a la siguiente. Tim no
tardó en unirse y, a la larga, este sencillo acto llegó a ser, sin
proponérnoslo, un ritual familiar que repetíamos cada noche
como una oración. Tardé un tiempo en comprender que el regalo de aquel día, que Norma nos había dado con su sueño de
experimentar el auténtico Nuevo México, era ese acto improvisado y repentino, una celebración diaria para nuestra familia que no había tenido ningún rito hasta entonces.

Capítulo 7. Sanación

[Tim]

Todos tenemos una manera de sufrir, y para mis padres era un absoluto silencio. Deseaba hablar con ellos de mi hermana Stacy, desde que murió. Mi padre, en especial, no tocaba ese tema por nada del mundo y, por lo general, se consideraba vedado. No teníamos rituales para llorarla, recordarla o celebrarla. Nunca llamaba a casa el día de su cumpleaños o en el aniversario de su muerte por temor a molestarlos. Ahora que papá ya no estaba con nosotros, pensé que podría tener una mejor oportunidad de hablar de Stacy con mamá. Este viaje era un recordatorio de que, recientemente, habíamos tenido nuevas pérdidas compartidas. De vez en cuando salía a relucir el nombre de Stacy durante nuestros viajes cuando algo nos la recordaba. Pese a todo, esas conversaciones eran apenas pequeños reconocimientos de que alguna vez había existido, no expresaban los verdaderos sentimientos que teníamos por ella o por su vida. Parecía que continuábamos nuestra larga tradición familiar de permitir que el sufrimiento nos aislara en vez de acercarnos.

Empezaba a perder la esperanza de tener alguna vez una charla verdaderamente significativa con mamá sobre nuestra pérdida, hasta que Ramie y yo conocimos a una pareja en una piscina de hidromasaje, una tarde, durante nuestra estancia en un parque para casas rodantes en Fort Myers Beach, Florida.

El sol del crepúsculo todavía calentaba, pero sin llegar a resultar molesto y la terraza de la piscina estaba desierta, salvo por nosotros cuatro. Me llegaba un fuerte tufo a ron de sus vasos decorados con un dibujo tropical y, por el fuerte ruido de sus voces, me di cuenta de que aquéllos no eran los primeros tragos del día.

—¿De dónde son? —les preguntamos mientras brindábamos.

Rick y Jo no sonreían mucho, pero eran agradables. Todos comentamos de dónde éramos y algunos detalles de nuestros respectivos viajes. El nuestro, desde luego, giraba en torno de mi madre. Intrigados por nuestro relato, nos invitaron a dar un paseo en su elegante bote de motor al día siguiente.

—Sin embargo, tenemos algo que decirles —advirtieron.

Fue entonces que nos enteramos de por qué estaban en Florida: habían ido a esparcir las cenizas de sus dos hijos mayores. Muy jóvenes, de apenas veintitantos años, uno había muerto de un ataque al corazón y el otro se había suicidado al poco tiempo. El único hijo que les quedaba a Rick y a Jo, un chico de diecinueve años, estaba en su casa rodante e iría con ellos a la ceremonia. Eso explicaba la falta de alegría en el jacuzzi, y la tristeza que traslucían los ojos azules, de mirada afable, de Jo. Eran personas abatidas por el sufrimiento. Sentí una especie de identificación con ellos y les compartí que había perdido a mi hermana que tenía sólo cuarenta y cuatro años, y que mi padre había fallecido recientemente. Mi familia nunca había tenido ningún tipo de cierre como éste, reflexioné.

No estábamos seguros de si mamá tendría ganas de dar un paseo en bote. Les dijimos a Rick y a Jo que tal vez ella no iría.

—Bueno, espero que hayan aceptado —respondió mamá cuando le contamos de la invitación; su deseo de aventura no dejaba de sorprendernos. Pero ¿estaría dispuesta a llorar con esta familia o por lo menos estaría dispuesta a presenciar su dolor?

—Sí, pero hay algo que debemos comentarte —le dijimos. Ella escuchó con atención mientras le explicábamos lo que sucedería cuando llegáramos a mar abierto. Como nunca había podido expresarse con muchas palabras, aceptó con un movimiento afirmativo de cabeza y un gesto de profunda empatía.

Hacía un día maravilloso para salir a dar un paseo en bote. Nos reunimos con Rick, Jo y su hijo en la marina, luego ayudamos a mamá a subir al bote por la popa; ella se sentó al frente en un asiento acojinado. Rick condujo, con cuidado y a poca velocidad, por el canal donde estaba la flota camaronera y bajo el puente, hasta que llegamos a la última boya en mar abierto. Luego oprimió el acelerador y nos condujo a alta velocidad más allá del rompeolas en Fort Myers Beach. Las ondas espumosas brillaban como diamantes bajo el sol.

Rick apagó el motor cuando ya nos encontrábamos en alta mar y podíamos ver las playas de arena blanca de Isla Sanibel, a sólo unos kilómetros de distancia. La canción favorita de los muchachos, "Drink a Beer", de Luke Bryan, se oía en el estéreo del barco y la familia rio y lloró, contó anécdotas de la vida de cada uno de sus hijos y todos brindamos con cerveza por ellos. Reconocieron los logros de sus hijos y sus personalidades únicas, con orgullo y amor.

La ceremonia no sólo fue bella, sino muy simbólica. Cuando esparcieron las cenizas en el mar, unos delfines emergieron a poca distancia y apareció un arcoíris doble, que para nosotros representaba a los dos hermanos. Con ternura y suavidad, la mano arrugada y bronceada de mamá tomó la mano de Jo. En ese momento, creí ver cómo comenzaba la propia sanación de mi madre.

* * *

—No, no, no. ¡Eso no es posible! —gritó papá cuando nos sentamos en la sala de Stacy en Alexandria, Virginia. Él y mamá se habían quedado en casa de Stacy esa mañana de abril y esperaban que yo les llamara para darles noticias de la operación más reciente. Durante el trayecto de media hora desde el hospital, sentí que el miedo me invadía. Después de estacionarme frente a la casa colonial de dos pisos, caminé despacio hacia la puerta de color rojo brillante y reuní valor para darles la noticia a mis padres.

Apenas un año antes, la célebre carrera de mi hermana en el Servicio Secreto —y su vida— se habían desmoronado después de una visita de rutina a su dentista. Él vio una mancha blanca en la parte posterior de la lengua que lo preocupó lo suficiente como para pedir una cita con un oncólogo y, como dicen, el resto es historia.

En el caso de Stacy, eso incluyó un año desperdiciado en operaciones, radiación y quimioterapia. Cuidé a mi hermana después de la primera cirugía que le hicieron para quitar parte de la lengua y los ganglios linfáticos del lado izquierdo. Ella era toda una gourmet y acababa de remodelar su cocina unos días antes de esa fatídica cita dental. Me pareció que era una broma muy cruel quitarle la capacidad de comer y saborear los alimentos. Luego presencié, con impotencia, cómo la persona más fuerte que conocía en el mundo se convertía, poco a poco, en ese ser frágil que mis padres y yo vimos en la cama del hospital durante su última semana de vida; sin poder hablar, conectada a monitores, sondas para alimentarla y un catéter.

—Lo siento, papá —musité—, pero es verdad —intenté pasarle el brazo por los hombros pequeños, pero él saltó del sofá y me alejó de un empujón, antes de que pudiera consolarlo.

Mi hermana había llamado a nuestra familia para que acudiéramos desde diferentes partes del país los días previos. Seguramente ella sabía, incluso antes que los médicos, que el fin de su lucha estaba cerca; lo que se confirmó cuando alcé la mirada de la revista que estaba leyendo en la atestada sala de espera del hospital y vi a la cirujana de Stacy parada frente a mí. Al ver a la doctora con su uniforme de quirófano sucio y el tapabocas colgando descuidadamente del cuello, sentí que me encontraba en medio de un drama médico televisivo.

—El cáncer de su hermana se está propagando rápidamente —dijo, sin dejar traslucir ninguna emoción—. Me temo que no hay nada más que podamos hacer por ella.

Esas palabras me golpearon con fuerza.

Apenas unas horas antes, había tomado de la mano a Stacy cuando la estaban preparando para la operación. Ésa era la primera de nueve operaciones que ese día haría la doctora Lee. Me quedé mirando, esperanzado, cuando se llevaron a mi hermana al área de quirófano.

—Todo va a salir bien, Stacy —le aseguré, mientras las puertas dobles se cerraban tras ella, sin hacer ruido.

—¿Está segura, doctora Lee? —acerté a preguntar.

—Sí, le quedan sólo unos días de vida —respondió, un ligero quiebre de la voz delató las emociones que se ocultaban detrás de su aspecto comúnmente profesional. Sospeché que también ella estaba triste por perder la batalla, después de haber dedicado mucho tiempo a tratar a Stacy durante el año anterior.

Empecé a sollozar en silencio, el pecho agitado me subía y bajaba, mientras trataba de reprimir las lágrimas que me escurrían por las mejillas a pesar de mis esfuerzos. Entonces, comencé a sollozar, porque la angustia me invadía en oleadas implacables. Todos en la sala de espera me miraron incómodos. Percibí el nerviosismo en sus ojos y, con cada sollozo convulsivo de mis pulmones, se ponían de manifiesto sus peores miedos y los míos también.

Alguien llamó a una consejera de duelo y me llevaron a su consultorio donde nadie podía oírme. La consejera hizo lo mejor que pudo por consolarme. Me sequé los ojos con varios pañuelos desechables de una caja que convenientemente estaba situada en la esquina de su escritorio, y comencé a recuperar poco a poco la compostura. Pero el dolor volvió a invadirme cuando me di cuenta de que yo era quien tenía que darles la terrible noticia a mis padres.

Llamé a Ramie desde el estacionamiento del hospital y le conté lo que había ocurrido.

—¿Cómo voy a decírselo a mamá y a papá? —pregunté con voz débil—. Esto los va a matar.

—Tienes que ser fuerte, Tim —respondió Ramie—. Tu hermana cuenta con que tú seas el fuerte ahora.

En el fondo, sabía que ella tenía razón.

Mamá se quedó sentada sin moverse en el sofá, su cuerpo menudo se empequeñeció de dolor después de que les comuniqué la noticia. Papá siguió dando vueltas por la habitación, gritaba y se negaba por completo a admitir lo que acababa de oír. Les había dado la noticia que ningún padre quiere oír: iban a sobrevivir a su única hija.

* * *

Cuando tenía veinte años, empaqué todas mis posesiones terrenales, las apiñé en mi Datsun azul y crucé la región central
del país para comenzar una nueva vida en las Montañas Rocallosas de Colorado. El calor extremo de julio, durante el viaje de casi dos mil kilómetros, puso a prueba mi entusiasmo,
en especial porque mi auto compacto no estaba equipado con
aire acondicionado. Aunque no conocía a nadie que viviera en
el Estado Centenario, supe que era el lugar donde quería estar en realidad, después de haber hecho un breve viaje de diez
días con una exnovia el año anterior. Centré mis pensamientos en la nueva vida que me esperaba y evité mirar atrás.

Stacy tenía sólo trece años cuando me mudé al oeste y
terminó creciendo en Ohio, en una casa que mis padres com-
praron después de que me marché. Veía las caricaturas en
televisión después de hacer sus quehaceres domésticos. Le
gustaba disfrazarse y combinaba estilos, pero siempre se equi-
paba con armas de juguete, como una pistola o una espada, o
las dos cosas. Tocaba la flauta y, posteriormente, formó parte
de la banda de guerra de la preparatoria.

Yo no iba mucho a casa en esos tiempos y rara vez pensaba en mi familia. Pasamos juntos uno o dos días festivos en
los años siguientes, pero las ocasiones fueron pocas, porque
ya no tenía automóvil ni me sobraba el dinero mientras estudiaba en la Universidad de Colorado en Boulder. De hecho,
mi situación era tan precaria en aquella época que tenía que
hacer llamadas por cobrar, cuando inusualmente me comuni-
caba a casa desde un teléfono público.

Mi primera esposa y yo nos conocimos en la universidad
y nos casamos varios años después de que los dos nos gradua-
mos. Nuestra boda fue en la montaña, a la sombra de Longs

Peak, y allí vi a mi hermana, luego de mucho tiempo, ya como adulta. Tenía veintidós años y acababan de nombrarla subteniente del Ejército de Estados Unidos, debido a los estudios universitarios que realizó en el Cuerpo de Adiestramiento de Oficinales de Reserva.

Cuando llegó con mis padres llevaba puesto su uniforme de gala: falda, camisa, chaqueta y boina. Apenas la reconocí. No tuvimos mucho tiempo para conversar y ponernos al día antes de la ceremonia y ella se fue de la recepción temprano para llevar a papá a un terreno menos elevado, ya que la altura de nuestro centro alpino le dificultaba respirar. Pasaron casi diez años más antes de que verdaderamente tuviera la oportunidad de establecer una relación con ella.

¡Vaya vida la que llevó en esos años! Pasó los cuatro años de servicio militar obligatorio como experta en eliminación de artefactos explosivos. Al igual que nuestra madre, rompió los estereotipos de género ofreciéndose a realizar este peligroso trabajo que implicaba desarmar bombas. También recibió adiestramiento en la Armada de Estados Unidos para adquirir las habilidades necesarias para desmantelar una ojiva nuclear en un submarino hundido. Su examen final fue desactivar un misil simulado en un submarino, ubicado en un lugar desconocido cerca de la boca del turbio río Potomac. Después, cuando estaba en Vicenza, Italia, se pasaba los días de trabajo desmantelando bombas terroristas, desde Irlanda del Norte a Israel. En su tiempo libre, montaba su motocicleta Ducati de alto rendimiento y paseaba a altas velocidades por los Alpes italianos.

—¿Alguna vez te estalló alguna bomba? —le pregunté posteriormente, cuando noté que ya no tenía vello en los antebrazos.

—Sí, una vez —respondió con desenfado—. Me lanzó a treinta metros de altura.

—¿Les contaste esto a mamá o a papá?

—No.

Stacy y papá eran como dos gotas de agua. El tiempo que yo pasé en la cocina preparando la comida o ayudando a mamá a pintar, construyéndole un cobertizo en el jardín o trabajando en su lista de proyectos de reparación, Stacy lo pasó con papá en exposiciones de armas, hablando de autos y emocionándolo con sus relatos descabellados. Pese a ello, no me sorprendió que, cuando recibió su diagnóstico de cáncer, no les contara de inmediato a nuestros padres. Esta respuesta era típica de mi familia: ojos que no ven, corazón que no siente.

Su dedicación al trabajo, después de cuatro años, no bastó para conseguir que la ascendieran al rango de capitán. De hecho, varias veces la hicieron a un lado para favorecer a colegas varones. Entonces, se dio cuenta de que había alcanzado el techo de cristal del ejército.

Más o menos en esa época, mi hermana conoció a varios agentes del Servicio Secreto de Estados Unidos, cuando le encomendaron la tarea de inspeccionar algunos de los regalos que recibía el presidente Ronald Reagan. Ellos vieron su potencial y la animaron a presentar una solicitud de trabajo en el Servicio Secreto, que estaba incorporando mujeres en ese tiempo. Cuando terminó su reclutamiento en el ejército, mi hermana renunció y volvió a Estados Unidos para presentar su solicitud.

Vivió con un tío paterno en Toledo y trabajó como guardia nocturna en una fábrica durante casi un año, mientras se procesaba su solicitud. Stacy fue la primera mujer considerada para trabajar en el Servicio Secreto. Cada uno de los miembros de la familia, incluidos nuestros padres biológicos, tenía que pasar por un riguroso escrutinio para asegurarse de que ella no fuera una informante de otro país. Todos aprobamos la inspección porque, en 1990, Stacy fue designada como agente especial.

Mi hermana ascendió pronto. Durante su primera comisión en Toledo, investigó casos de contrabando y fraude, y realizó el doble de arrestos que los otros tres agentes juntos. A sólo dos años de haber empezado, se le asignó la tarea de proteger al joven gobernador de Arkansas, Bill Clinton, que estaba contendiendo por la presidencia.

En 1992, tenía cinco años de vivir en Hawái y no había visto a Stacy desde hacía mucho tiempo. La llamé para ponernos al día y preguntarle cómo era la vida en la gira de un candidato presidencial. La temporada política estaba viento en popa en ese momento y el rostro de Clinton aparecía en todos los noticiarios de televisión.

—¿Por qué nunca te veo protegiendo a este hombre, Stacy? —bromeé—. Sale en la televisión todo el tiempo.

—Ahí estoy, sólo que no puedes verme —respondió—. Es mi deber pasar inadvertida.

—Sí... claro —respondí con sarcasmo.

—De acuerdo, tengo una idea —añadió—. Ve el noticiario nacional, hoy por la noche, y búscame.

Seguí las instrucciones de mi hermana y vi, sin pestañear, el noticiario de la noche. Ahí estaban por fin los tres minutos de cobertura que le daban a Clinton ese día. Fue una toma cerrada del candidato parado detrás de un podio, con un fondo impreciso, excepto una bandera estadunidense. Pero... un momento, ¿qué fue eso que acababa de ver. Aparentemente fuera de la vista de la televisión nacional, pero con la facilidad de un especialista que se cuela en las fotos, ¡ahí estaba mi hermana con cara de seriedad!

Cuando mi matrimonio empezó a fracasar, llamaba por teléfono a Stacy, cada vez con más frecuencia, para charlar y recibir apoyo moral. Que la hermana pequeña aconsejara y protegiera al hermano mayor ciertamente parecía una inversión de los roles tradicionales. Ella era fuerte, centrada y tenía una carrera bien cimentada y exitosa y, sin duda, estaba mejor preparada para esa posición que yo.

Mi divorcio se hizo definitivo al poco tiempo, y me vi obligado a dejar todo en Hawái para tratar de reiniciar mi vida. Pero ¿dónde podría hacer eso? Todos los años de mantener una distancia no premeditada con la familia quedaron atrás en un instante cuando comprendí que, literalmente, no tenía a dónde ir. Le pedí posada a mi hermana. Aunque habíamos pasado poco tiempo juntos, Stacy no titubeó en invitarme a su nueva casa todo el tiempo que fuera necesario.

—¿Se da cuenta de que este boleto es sólo de ida a Newark, Nueva Jersey? —la agente detrás del mostrador de United Airlines preguntó con incredulidad. Me hallaba en el Aeropuerto Internacional de Honolulú registrando las dos bolsas grandes de lona que contenían todas mis posesiones después del divorcio—. Estamos a finales de febrero y todavía hace mucho frío ahí —añadió ella.

—Sí, ya lo sé —balbuceé.

Acababan de transferir a mi hermana a la oficina de Newark (situada, en realidad, en Morristown, Nueva Jersey, porque al parecer Newark era un lugar demasiado peligroso, incluso para el Servicio Secreto) y ella había llegado sólo unas semanas antes que yo. Encontré cajas de la mudanza de todos los tamaños cuando entré en su condominio de dos niveles, fraccionado de una vieja mansión de Morristown, que se hallaba a unas cuadras de las oficinas centrales.

Me presenté prácticamente sin nada: no tenía automóvil, trabajo o amigos, ni siquiera autoestima. El divorcio me había arrebatado todo ello. Pasé un tiempo desempacando las cosas de mi hermana y acomodándolas en su nueva casa. También dediqué tiempo para deshacerme del equipaje emocional que había llevado. Stacy y yo tomábamos juntos una cerveza al final del día cuando ella volvía del trabajo y nos relajábamos. Su trabajo, como era comprensible, era estresante a pesar de que no estaba protegiendo físicamente al presidente.

El internet todavía estaba en pañales, pero los delincuentes ya estaban ideando cómo explotarlo en beneficio propio. El interés de mi hermana en las computadoras la llevó a participar en el naciente grupo especial de delitos electrónicos del Servicio Secreto. Unos meses después, Stacy estaba trabajando en un tablero de anuncios que serviría de señuelo para atraer delincuentes, apodado Operación Cibertrampa; en ese entonces fue cuando dejé Nueva Jersey. Los esfuerzos de mi hermana culminarían, a largo plazo, en arrestos en siete estados y en la desintegración de una compleja red de fraudes en celulares que ascendían a tres mil millones de dólares.

Stacy pasó los últimos once años de carrera en el Servicio Secreto en Washington, en varios puestos. Durante ese tiempo dirigió nueve misiones presidenciales nacionales y quince de avanzada en el extranjero, algunas de ellas en países difíciles, como India, Uganda y Nicaragua. Se sentía tan cómoda fumando puros con antiguos rebeldes sandinistas en las montañas de Nicaragua, como cuando se reunía con reyes, presidentes, jefes de Estado o con el Papa. Era un hueso muy duro de roer, era formidable, era mi heroína... y la perdí.

Todos la perdimos, pero nunca hablábamos de ello. De hecho, sentía como si la hubiéramos perdido dos veces: primero cuando murió y luego por nuestro silencio, que ocasionaba que la historia de su vida muriera también. No llenamos el hueco que dejó con recuerdos; en cambio, permitimos que su ausencia nos encerrara en nuestro sufrimiento personal.

Mi papá no habló en su lecho de muerte de sus sentimientos por Stacy. A través de los años, cada oportunidad que tuve de incitarlo a sincerarse y hablar de ella, la atajó con eficacia. Abandonó este mundo sin decir nada al respecto.

¿Mamá querría hablar de su amada hija? ¿Habría guardado silencio porque papá estaba muy abatido?

Aunque quise hablar de Stacy con mis padres, yo también estuve distante. La culpa era de todos. Cuando nos reuníamos, charlábamos con facilidad, pero cada uno tenía sus barreras. Las conversaciones que sosteníamos, como muchas familias que tratan de llevarse bien, carecían de verdadera sustancia. La muerte de Stacy abrió un hueco en los muros que se habían levantado entre mi familia y yo, pero eso no fue suficiente. Mamá y yo no sabíamos cómo abordar semejante estado emocional, no teníamos ningún mapa que nos mostrara cómo transitar el camino solitario del sufrimiento y el dolor. Hasta que conocimos a Rick y a Jo.

* * *

Durante el resto de nuestra estancia en Fort Myers Beach, Ramie y yo volvíamos de nuestras caminatas matutinas por la playa con Ringo y encontrábamos a mamá y a Jo conversando, sentadas en nuestra tienda, fuera de la casa rodante. Las dejamos en paz. Eran dos madres de un club al que ningún padre desearía pertenecer. A veces, se sentaban juntas en silencio, pero otras, la brisa cálida de Florida llevaba sus voces a través de las ventanas abiertas. Las oímos creando lazos afectivos que las unían en el dolor, la determinación y la fe.

Rick y Jo eran auténticos en su dolor. No había fingimientos ni necesidad de parecer fuertes ni temor a expresar la desorientación y confusión que genera el duelo. Hasta el momento, este viaje nos había dado un tipo especial de alegría familiar: habíamos visto sonreír a mi madre por primera vez, en años, y habíamos descubierto sus extravagancias y su sentido de aventura. Pero aún éramos expertos en evitar los temas espinosos. Rick y Jo nos mostraron que también era posible sufrir en familia. La autenticidad de su tristeza y sus recuerdos nos enseñaron que, si nos olvidábamos de mantener "bien" las cosas superficialmente, quizás encontraríamos el don de sentir con mayor intensidad: sí, habría más dolor, pero también más unión y amor, los únicos antídotos verdaderos del sufrimiento.

Al ver a mi madre con Jo, comprendí que todos hablamos nuestro propio lenguaje emocional. Quizá compartir el dolor con mamá no significaba que lloráramos juntos, sino algo más sutil; la caricia de una mano, una expresión mutua de fe, cruzar un instante la mirada para decir: "Entiendo por lo que estás pasando".

Aún no había visto a mamá derramar una lágrima por la muerte de mi hermana o mi padre, pero ese día en el bote, y después, en los suaves murmullos de estas madres, percibí un cambio en ella. El dolor en su corazón había empezado a salir a hurtadillas del lugar seguro donde se había estado ocultando y se rodeó en el tierno abrazo de Jo. Estaba convencido de que, si mi madre empezaba a sanar, yo podría sanar también. Podíamos hacerlo juntos.

Capítulo 8. Vuelo

ORLANDO, FLORIDA
ENERO

[RAMIE]

Cuando Tim y yo nos conocimos, compartí dos cosas no negociables con él, que todavía están vigentes. Una, fue la promesa de que tomaríamos todas nuestras decisiones por amor y no por miedo; la otra, fue que viviríamos sin arrepentimientos. Nada de "hubiera...", le advertí. Ése era el mantra de nuestro matrimonio; ahora también era el mantra de nuestro asilo de ancianos rodante.

Después de que Tim y yo descubrimos todos los recortes del periódico en julio, hicimos un pacto secreto: llevaríamos a Norma a pasear en un globo aerostático. No obstante, era un objetivo que resultó más difícil de cumplir de lo que habíamos pensado en un principio. Mientras cruzábamos el oeste y suroeste del país, investigué las posibilidades, una y otra vez, pero no encontré opciones de paseos en globo aerostático en nuestra ruta de viaje que fueran accesibles a personas mayores.

Noviembre llegó y se fue, y la fiesta de Navidad estaba a un paso; sin embargo, aún no podía encontrar nada que se ajustara a nuestros planes. Algunas empresas estaban dispuestas a aceptar que Norma se subiera a un globo atado al suelo con una soga, pero eso no me parecía bien: ¡necesitaba volar! Otras ofrecían vuelos sin sogas, pero no tenían asientos en la canastilla. Esto era importante porque sabía que mi suegra no tenía la fuerza suficiente para estar de pie más de una hora. Incluso si hubiera encontrado un globo aerostático con un asiento, aún no tenía idea de cómo subirla a la canastilla. Desde luego, ella no podía usar los puntos de apoyo para los pies que tenían las canastillas y subir por su cuenta.

¿Habría globos accesibles? ¿Acaso existía una canastilla de globo que tuviera una puerta por la que pudiéramos empujarla en su silla de ruedas? Había más preguntas que respuestas. Imaginé todo tipo de situaciones. Tal vez podía sentarse en un banco dentro de la canastilla para poder ver por los lados. ¿No sería peligroso? Sin embargo, siempre prevalecía el problema de subirla a la canastilla. Busqué en internet y llamé a todos lados, pero seguía llegando a callejones sin salida. No sólo nos limitaba el estado físico de Norma, sino que tampoco teníamos una idea clara de dónde estaríamos y cuándo.

Aunque probablemente pasaríamos todo el invierno en Florida, por lo que me concentré en el Estado Soleado. Sentada en nuestra tienda en un campamento tranquilo en el Parque Estatal de Henderson Beach, cerca de Destin, Florida, anoté nerviosamente los números telefónicos y empecé a hacer llamadas mientras Ringo dormía la siesta a mis pies.

Después de que no me contestaron en varias empresas de globos, en una de ellas finalmente me respondieron al primer timbrazo.

—¡Thompson Air! Habla Jeff. ¿En qué puedo servirle? —resonó una voz en mi teléfono celular.

—Mi suegra tiene noventa años y quiero encontrar la manera de que pueda subir a un globo aerostático. Vi que tienen un globo con asientos y me gustaría tener más información al respecto, pero antes, dígame ¿estoy loca por pensar siquiera en esta aventura? —espeté, pero pronto me relajé y charlé con este hombre amable y su excelente atención al cliente.

Cuando estaba hablando con Jeff, me vinieron a la mente los pensamientos del doctor Gawande sobre la seguridad y la autonomía.

"Nuestro fracaso más cruel en cómo tratamos a los enfermos y a los ancianos es no reconocer que tienen prioridades que van más allá de estar meramente a salvo y vivir más tiempo; que la oportunidad de determinar nuestra historia es esencial para sostener el significado de la vida", escribió en su libro *Ser mortal*.

Recordé que, cuando leí por primera vez ese pasaje, meses antes, exclamé "¡Sí!". Aunque también quería oír a Jeff para poder confiar en que no pondríamos a Norma en riesgo de lastimarse para que el viaje determinara su historia de manera positiva.

El entusiasmo de Jeff por los globos se transmitió por medio de la telefonía celular. Con una voz emocionada y un tranquilizador tono de confianza, recitó su experiencia con los globos aerostáticos desde que tenía quince años y afirmó que él y su familia podían convertir el sueño de Norma en realidad. Me comentó que su logro más reciente había sido alcanzar el nivel más alto de desempeño como piloto que otorgaba la Federación de Globos Aerostáticos de Estados Unidos (sólo treinta y dos pilotos lo habían obtenido). Me di cuenta de que sentía pasión por los vuelos en globo y me aseguró que estaba a la altura del reto que nuestra familia presentaba. "Esto podría suceder de verdad", me permití pensar.

Jeff describió en detalle su historial de seguridad y luego llegó a lo mejor de todo:

—Nuestros globos son diferentes a la mayoría. Tienen asientos en forma de banca, por lo que Norma iría cómoda. No hay problema.

Habíamos superado el primer obstáculo con el asiento. Respiré hondo antes de hacer mi siguiente pregunta:

—Pero ¿cómo va a subir a la canastilla?

—No se preocupe por eso, Ramie. Sucederá, se lo prometo —aseguró Jeff, como un viejo amigo—. Hace poco logré subir a un hombre que pesaba trescientos kilos a uno de nuestros globos, y usted dice que su suegra es tan ligera como una pluma. Definitivamente volará.

Me convenció. Programé una fecha, y Tim y yo elaboramos un plan. Faltaban unos días para Navidad y ambos decidimos sorprender a Norma la mañana del 25 de diciembre con la noticia.

—¡Ay Dios!, espero que todavía quiera hacerlo —le dije a Tim, mientras recorríamos la tienda local de comestibles para comprar algunos artículos para hacer manualidades. Como viajeros típicamente modestos, por lo general no despilfarrábamos en diversiones costosas como paseos en globos aerostáticos, pero nos habíamos convencido de que sería dinero bien gastado.

Mi preocupación quedó opacada por la emoción infantil que Tim y yo sentimos al confeccionar un globo aerostático con un globo infantil, cartulina y un poco de cinta adhesiva. Tim hizo un "Vale para un paseo" y yo lo metí en la canastilla tejida. Queríamos hacer un alboroto; después de todo, el paseo en globo era un homenaje a Norma y Leo, un sueño que había esperado mucho tiempo para hacerse realidad.

Tan emocionados como cualquier padre la mañana de Navidad, Tim y yo caminamos de puntillas por la casa rodante, susurrando y riendo entre nosotros, mientras nos apresurábamos a colgar nuestro globo aerostático sobre el asiento de Norma en la mesa del comedor, antes de que ella se levantara. A las nueve de la mañana en punto, Norma abrió la puerta de su dormitorio y llevaba puesto un sombrero de Santa Claus, tal como Leo lo hacía siempre el día de Navidad. En lugar de poner "We Wish You a Merry Christmas" en el estéreo, pusimos "Up, Up and Away", cantada por The 5th Dimension.

El *crescendo* de los instrumentos de cuerda y las armonías clásicas de la década de 1960 alegraron nuestro espíritu, ya de por sí entusiasmado. Norma caminó hacia el frente de la casa rodante, mientras Tim y yo empezamos a cantar en voz baja al ritmo de la música. Al final de la insólita melodía navideña, gritamos "¡Alto, más alto y más lejos!" a todo pulmón.

—¡¿Qué es todo esto?! —preguntó Norma, dejando traslucir el deleite en su voz. Se sentó en su asiento y sacó el papel de nuestra réplica de globo aerostático—. ¿Qué es esto? —preguntó de nuevo.

Esperamos a que la leyera. La miramos y sonreímos de oreja a oreja; yo estaba tratando en vano de ser paciente, pero los pies me traicionaron y empecé a dar golpecitos en el suelo. Tim me apretó la mano por debajo de la mesa.

—¿De verdad vamos a ir de paseo en un globo aerostático? —preguntó y juntó las manos, encantada.

—¡Sí! —respondí.

—¡Ah, qué maravilla! —exclamó—. ¡Apenas puedo creerlo!

Durante el desayuno tuvimos que confirmarle a Norma, una y otra vez, que en verdad íbamos a volar en un globo aerostático.

—¡El veinte de enero es el gran día! —le aseguré. Se veía completamente maravillada y llena de asombro ante el hecho de que iba a volar realmente.

—Creo que tomamos la decisión correcta respecto a despilfarrar dinero en esta experiencia —le dije a Tim más tarde, ese mismo día; luego de que todo el alboroto se había apagado y el sol se había puesto. No podía evitar sonreír mientras lo decía. Pensaba en la sorpresa y la alegría de Norma.

—Sí, me parece que sí.

* * *

Faltaban varias semanas de recorrido y varios campamentos alrededor del perímetro de Florida, antes de llegar a Orlando para el paseo en globo. Como no habíamos hecho planes para pasar el invierno en Florida, no pudimos establecernos en un solo lugar todo el tiempo. Sin embargo, Stacy había respondido a la plegaria que le ofrecí en agosto; en el transcurso del invierno logramos transitar por ocho diferentes parques para casas rodantes, parques estatales y reservas naturales, gracias exclusivamente a las cancelaciones de otras personas. Pasamos una semana aquí, tres semanas allá, cuatro días acullá. Y en cada parada, Norma mandaba tarjetas postales que decían: "¡Voy a ir de paseo en globo el 20 de enero!".

Aunque estaba encantada por la jubilosa expectativa de Norma, contenía la respiración cada vez que ella enviaba por correo otra tarjeta, porque temía que finalmente no pudiéramos ir: haría mal tiempo ese día, su salud no sería buena o quizá no podríamos lograr que se moviera en la dirección correcta a esa hora tan temprana de la mañana. "Basta", dije para mis adentros. "Las preocupaciones, el miedo, la tristeza y los pensamientos fatalistas eran un total desperdicio de energía. Lo sé. Vivo según este principio."

Brindamos en Año Nuevo con Rick y Jo en Fort Myers Beach, y a mediados de enero nos pusimos en camino a Lake

Magic, un campamento para casas rodantes cerca de Orlando que estaba lleno de jubilados que huían del frío y pasaban los meses de invierno en los climas templados del centro de Florida. Esas personas eran, sin duda, un grupo que sabía gozar del buen tiempo; todos parecían ser dueños de un carro eléctrico de golf equipado con un toldo de plástico cerrado por cremalleras a los lados para protegerse del típico tiempo lluvioso de invierno. La cantidad de estas "burbujas" que iban y venían por el parque no dejaba de aumentar, ya que todos los ocupantes trataban de mantener la lluvia a raya.

Y vaya que llovió. En las primeras semanas de enero tuvimos lluvia, viento, lluvia y más lluvia. Cada día, mis temores respecto al paseo en globo aumentaban, y cada día me proponía alejarlos. Norma no estaba preocupada para nada, seguía enviando tarjetas postales.

El día de nuestra cita, despertamos y la mañana estaba oscura y fría. El cielo estaba despejado, excepto por algunos cirros y el viento estaba en calma. No podía creerlo: era el día ideal para un paseo en globo aerostático. Tiempo después nos enteramos de que todos los vuelos en globo aerostático, tres días antes y tres días después de nuestra fecha, fueron cancelados por las inclemencias del tiempo. Pero el 20 de enero todo era ideal.

Norma despertó mucho antes de que saliera el sol, mucho antes de su hora habitual de levantarse. Se vistió con rapidez y se abrigó bien para protegerse de la humedad de la mañana. Ella y Tim disfrutaron de una rápida taza de café descafeinado cuando ya íbamos de salida, pero nadie desayunó, ya que después del paseo en globo nos esperaba un almuerzo en el que se podía comer todo lo que uno quisiera. A la luz que antecede al amanecer, recorrimos el trayecto de diez minutos hacia nuestro punto de reunión, en el estacionamiento de un restaurante; dejamos a Ringo en el campamento para que pudiera dormir un poco más.

Glenn, un inglés encantador, nos saludó después de que nos estacionamos y maniobramos para bajar a Norma de la camioneta. Él mide casi dos metros y, con esa estatura, fácilmente aventajaba, con cuarenta y cinco centímetros, a Norma que era muy menuda. Cuando bajó del escabel que siempre llevábamos, Glenn le dirigió una enorme sonrisa a Norma: "Estoy dispuesto a ayudar cuando se necesite", nos aseguró.

Detrás de Glenn estaba toda la familia Thompson. Jeff y su hermano Jon eran los pilotos de los globos que iban a despegar esa mañana. Nosotros tres volaríamos con Jon, y otras dos parejas irían con Jeff. Los padres de Glenn también habían volado y participaban como tripulación terrestre; aunque ninguno de ellos competía con Glenn en estatura, ambos los igualaban en su entusiasmo.

—¡Bienvenidos a su aventura de ensueño! —los oímos decir una y otra vez mientras nos saludaban.

Nos apresuramos a firmar algunos acuerdos de exención de responsabilidad, luego nos subieron a una camioneta que tenía el colorido logotipo de la empresa y partimos hacia el lugar del lanzamiento.

Cuando al fin salió el sol, tiñó el cielo azul de vetas de colores vivos: amarillo, rosa y anaranjado. Nos estacionamos en un campo abierto que quedaba a unos veinte minutos del lugar de reunión. Cuando llegamos, la tripulación de tierra descargaba las canastillas y el equipo de dos remolques. Tim y yo nos acercamos a la más pequeña de las dos canastillas, suponiendo que ésa sería la nuestra.

El fuego de los tanques de propano siseó y las llamaradas saltaron hacia la abertura de la tela gigante de nailon. Norma se quedó dentro de la camioneta; sus ojos brillaban con una emoción que rivalizaba con el espectáculo, aunque los dientes le castañeteaban por el aire frío de enero. Tim estaba radiante de felicidad y con gusto ayudó a la tripulación de tierra a inflar nuestro globo.

Yo hice lo que hago mejor: tomé muchas fotografías, esperando lograr una buena toma.

Poco a poco, la tela de nailon plegada empezó a extenderse ante nuestros ojos, hasta alcanzar el tamaño de un edificio de siete pisos. Parecía que las franjas de colores del globo extraían su tonalidad del brillante amanecer y se convertían en el más grandioso esplendor visible en el cielo matutino.

—Estamos listos, Norma. ¿Estás lista? —llamó Connie, la mamá de Jeff, a través de la puerta lateral de la camioneta.

—Sí, pero, ¿cómo voy a subir? —Norma manifestó en voz alta su preocupación—. No puedo levantar las piernas a la altura necesaria para trepar. ¿Están seguros de que podré ir?

En ese momento Glenn caminó hacia ella. Al lado del gigante inglés, Norma se veía más pequeña que siempre. Él se agachó, miró a Norma con sus preciosos ojos azules y dijo en su encantador acento británico:

—¿Me das un abrazo muy fuerte?

Antes de que se diera cuenta, Glenn la levantó, la llevó en brazos unos pasos, mientras Norma reía de manera incontrolable; y, como ella diría más tarde, "la dejó caer" en la canastilla de mimbre.

Una vez que nos acomodamos, y después de recuperarnos de las carcajadas, hicimos una revisión final de seguridad y luego estuvimos listos para remontar el vuelo. Ésta era mi tercera experiencia en un globo aerostático, pero al estar ahí en esa canastilla, me di cuenta de que esta vez pasaría más tiempo del viaje observando a mi querida suegra que haciendo cualquier otra cosa. Intenté ponerme en su lugar y ver las cosas con sus ojos, desde su perspectiva, para sentir con mayor precisión lo que ella sentía.

Recordé, de pronto, el recorte del anuncio que encontramos en el libro de Leo cuando estábamos ordenando sus cosas; luego pensé en el otro que había pasado inadvertido durante años, sujeto al refrigerador por un imán; y el último recorte que se había perdido en un expediente de impuestos de 2014, más recientemente.

También reverberaron en mí las reflexiones del doctor Gawande, no tanto en palabras como en sentimientos. Todos los temores que se habían acumulado desde que Tim y yo hicimos nuestro pacto de llevar a Norma a volar en un globo aerostático comenzaron a desvanecerse. A la luz de los ojos de Norma, se hizo evidente para mí cuán hermoso era conformar la propia historia y cómo, frente al final de la vida, podría ser la experiencia significativa, y no la seguridad, lo que resultara más importante.

Mientras nos elevábamos despacio, vi a Norma respirar profundamente. Supuse que quizá para compartir con Leo el momento; o quizá quería asimilarlo más a fondo.

El globo se encumbró en el cielo y los ojos de Norma brillaron con una expresión de deleite. Maravillada, con los labios entreabiertos y las mejillas sonrojadas, levantó la mirada al quemador que nos impulsaba. Entonces, miró el sol que todavía no terminaba de salir y las frondas de los árboles. Nunca había visto su rostro más relajado; tenía una expresión de alegría y paz que irradiaba a medida que subíamos cada vez más. No me atreví a preguntar qué pensaba de ese momento. Era su momento, no el mío. Me di el lujo de hundirme en un cómodo silencio con mis compañeros de vuelo y sentí que me elevaba, ligera, en una profunda satisfacción para la que no tenía palabras.

Nos dejamos llevar, sin esfuerzo alguno, por el cielo matutino. Flotamos sobre la perfección artificial de Disney World: un campo de golf bien podado con trampas de arena en forma de Mickey Mouse; y sobre el tránsito vehicular de la hora pico en las carreteras. Cada vez que el quemador de propano lanzaba una llamarada por encima de nuestras cabezas sentía que una bocanada de amor expandía mi pecho, inmune al caos terrenal.

Norma fue quien rompió el silencio. Tenía las manos enguantadas, posadas con suavidad sobre el borde forrado de cuero de la canastilla, y su chal tejido le cubría la cabeza y los hombros. El sol brillante iluminó su rostro. Resplandecía por fuera y por dentro, al igual que el globo. Miró a Tim con una enorme sonrisa en el rostro y dijo:

—A papá le habría gustado esto.

Capítulo 9. Impacto

En las primeras horas de una mañana brillante y clara a finales de febrero, Tim y yo estábamos acostados en nuestro colchón inflable al frente de la casa rodante, revisando los correos electrónicos y los mensajes de Facebook. Ringo saltó a la cama con nosotros, por lo que nuestra situación era más apretada que de costumbre. Nos habíamos asentado en el campamento Bryn Mawr, ubicado detrás de las dunas que daban al océano Atlántico, en la costa del norte de Florida. Oíamos las olas que acariciaban la playa y los graznidos de las aves que se llamaban unas a otras. Ambos teníamos los ojos humedecidos de lágrimas.

—¿Es posible que un corazón pueda albergar todo este amor? —me preguntó Tim.

En pocas semanas nuestro círculo de amigos se había ampliado tanto que ahora abarcaba todo Estados Unidos y todo el mundo. Casi todas las personas de la comunidad campista donde nos estábamos quedando eran reservadas, y además de algunos dueños de perros labradoodle que tenían afinidad con Ringo, no habíamos establecido muchas relaciones como en otras escalas. Nos manteníamos en el anonimato, aunque, por otro lado, llegaban correos electrónicos y mensajes, por miles, a nuestras cuentas de Facebook y correo electrónico de personas que habían oído hablar de nuestra historia. Era increíble.

Leíamos todos y cada uno de los mensajes.

Una mujer de Connecticut que estaba recluida en su casa escribió para darle las gracias a Norma por inspirarla a salir por fin de su casa y comenzar una nueva vida. Una enfermera oncológica en un hospital de cancerología escribió para decirnos que le gustaría que más pacientes terminales ancianos rechazaran el tratamiento invasivo y debilitador, y disfrutaran en paz de sus últimos días. La ciencia médica tradicional podría ofrecerles unos días más, escribió, pero, en su experiencia, "no les daba más alegría". Una familia escribió para contarnos que habían programado un viaje de 14 días y poco más de diez mil kilómetros de recorrido después de leer sobre Norma. "Queremos vivir mientras podamos", aseguraron. Un hombre de Perth, Australia, mandó sus bendiciones. Alguien de Argentina nos mandó un abrazo. Otro más que había perdido recientemente a su abuela escribió para preguntar si podía llamar "abuelita" a Norma. Y así continuaban interminablemente.

Tim no había exagerado. Nuestros corazones estaban tan plenos que podían estallar en cualquier momento. Teníamos el apoyo de muchas personas de todo el mundo y eso infundía nueva energía a nuestros días. Pero algo más estaba sucediendo. Había muchas personas que nos estaban confiando sus temores, pérdidas y deseos más profundos. Nos contaban de sus problemas de comunicación, sus esperanzas o sus arrepentimientos. Compartían con nosotros sus deseos más íntimos: planear por fin ese viaje de ensueño, hacer las paces con

su padre que acababa de morir o decirle a alguien "te amo".
De pronto, nos hallábamos en medio del dramatismo de una
conversación internacional sobre el significado de la vida, la
enfermedad, la vejez y el amor. Estábamos aprendiendo, sobre
la marcha, cómo abrirnos a tantas emociones tan intensas.

Pero al principio no fue así. Al comienzo, el pánico y la
angustia nos apresaron, nos aterraba perdernos en una oleada de notoriedad y compromiso.

* * *

La cifra era de 520. Ésa era la cantidad de seguidores que teníamos en nuestra página de Facebook a los seis meses de haber iniciado nuestro viaje. Nuestros suscriptores eran sobre
todo familiares, amigos y personas afables que conocimos durante el viaje, en campamentos, en filas de locales de comida y
paseando por los parques nacionales.

Aproximadamente, a los dos meses teníamos 83 seguidores, hasta que nuestra amiga Susan decidió hacer campaña por
nosotros para llegar a 100. Les rogó a todos sus conocidos que
indicaran que nuestra página les gustaba y prometimos que en-
viaríamos una tarjeta postal de las Montañas Rocallosas a la
centésima persona. No estábamos desesperados por aumentar nuestro ego, pero, bueno, sería agradable ver tres dígitos.
Nuestro viaje era difícil en ocasiones. Las fotografías y los tiempos felices eran reales, pero al encargarse de cuidar de una
persona todo el tiempo, sin importar las circunstancias, no
todo era miel sobre hojuelas. Nuestro estilo de vida había cambiado de manera significativa. Aunque Tim y yo seguíamos
llevando una vida nómada, con Norma no pasábamos el tiempo de la misma forma. En vez de levantarnos antes de que saliera el sol para ir a caminar, unos dieciséis o veinte kilómetros

en un parque nacional o en alguna otra parte, teníamos que esperar a que Norma se levantara y buscar rutas accesibles a sillas de ruedas para llevarla a lugares interesantes, con la esperanza de que ella encontrara alegría en la aventura. Nos preocupaba cuánto comía y si dormía bien. Si se sentía bien y con energía, planeábamos una salida; si no, nos sentábamos a leer o a resolver crucigramas. Ella era nuestra principal preocupación, su estado de ánimo y salud guiaba todo lo que hacíamos.

Cuando Tim o yo empezábamos a sentirnos deprimidos, a sentirnos abrumados por los cuidados que Norma requería o incluso a cuestionar nuestra decisión de renunciar a la libertad que habíamos procurado para nuestras vidas hasta el momento, recurríamos a la docena de personas que se tomaban la molestia de indicar que les gustaba una publicación o comentario de Facebook. Aunque no lo sabían, esas personas que nos siguieron desde el principio eran nuestro grupo de animadores. Nos ayudaban a seguir adelante cuando pensábamos que no podíamos más.

Por consiguiente, una tempestuosa mañana en Playa San Agustín, Florida, decidí escribir a una de nuestras pocas fuentes de noticias en internet, Good News Network (GNN). En un día cualquiera, los nuevos suscriptores y los comentarios de apoyo de nuestros 520 seguidores en Facebook nos ponían de tan buen humor que me inspiraron a propagar el amor un poco más. Pensé que quizá GNN podría publicar nuestra historia para llegar a más personas.

Unos días después, recibí un correo electrónico en el que solicitaban una entrevista. Antes de responder, lo consulté con Norma y Tim.

—Cariño, no soy muy afecto a esto de la publicidad —Tim se apresuró a responder—. Soy muy reservado y, además, a nadie le va a importar en realidad, es decir, a nadie que no nos esté siguiendo ya. Nuestro círculo de amigos ya sabe lo que sucede. ¿De verdad necesitamos esto? —después de una pausa tensa y un poco más de reflexión, al ver el entusiasmo en mis ojos y quizá recordando mi necesidad de cambiar las cosas en el mundo, continuó—: supongo que podemos ver qué pasa, pero no les des nuestros apellidos. Si nadie lo lee, nadie lo lee, ¿de acuerdo?

—De acuerdo —acepté, esperando en secreto que no fuera así.

—¿Crees que todo saldrá bien? —preguntó Norma simplemente.

—No tengo forma de saberlo —respondí—. Pero lo que publiquemos será la verdad y nos consta que otros se han sentido inspirados por tu historia. Mira a las 520 personas que nos han estado siguiendo. Lo más probable es que ni siquiera conozcamos a toda esa gente.

—Tienes razón —repuso Norma.

—Les estás dando esperanzas y las has hecho sonreír. Apuesto a que hay más personas que se sentirían bien si leyeran sobre ti. Creo que es bueno propagar algo de alegría al mundo.

—Cierto —coincidió.

Juntas examinamos algunos artículos en la página de GNN. Leímos "Albergue sorprende a pareja de indigentes con una boda de cuento de hadas", "Veterano de la Segunda Guerra Mundial se reúne con su novia, después de 70 años, gracias a una reunión para recaudar fondos" y "Niño con parálisis cerebral corre en la pista de patinaje en silla de ruedas".

—Vaya, pues se ve muy bien —el interés de Norma por la página aumentó y estuvimos de acuerdo en que al mundo le caerían bien más buenas noticias.

—Será sólo un artículo pequeño para Good News Network. No será la gran cosa —continué—, pero habiendo dicho eso, no concederé la entrevista si no quieres. La decisión depende por completo de ti, Norma.

Aceptó, con mi ayuda, responder las tres preguntas de la entrevista enviadas por correo electrónico.

Nos sentamos juntas en el comedor de la casa rodante, un poco aturdidas por la idea de lo que íbamos a hacer.

"¿Tiene Norma algún consejo para nuestros lectores respecto a cómo afrontar la pérdida?", decía una pregunta.

"Seguir rezando todos los días y Dios se ocupará de usted, aunque a veces sientan que ni ustedes mismos se pueden cuidar", respondió.

"¿Qué aconseja Norma para no perder una actitud positiva?"

Como no era mujer de muchas palabras, respondió: "Simplemente hay que seguir adelante todos los días. Eso es todo".

"¿Cómo enfrentas el hecho de haber perdido al amor de tu vida?"

En una respuesta que Rick y Jo habían inspirado, contestó: "Contar historias ayuda muchísimo".

El siguiente domingo, oí un chirrido en mi teléfono celular que me avisaba que había recibido un nuevo correo electrónico. Era de GNN para avisarnos que acababan de publicar la historia de "El viaje de Norma" y esperaban que nos gustara la manera en que habían presentado el reportaje. Además de las tres preguntas y respuestas, había compartido muchas de mis fotografías con el entrevistador. Abrí mi computadora y me di cuenta de que habían hecho un espléndido trabajo y que era interesante leer nuestra historia a través de la perspectiva de alguien más. Después de eso, nuestra página de Facebook empezó a estallar frente a nuestros propios ojos. Adquirimos con rapidez treinta nuevos seguidores, ¡en menos de una hora! Luego la cifra saltó a 637. Cada vez que actualizaba la página, la cifra aumentaba a pasos agigantados. A la hora de la cena ya teníamos 1,800 suscriptores en la página. Cuando por fin nos fuimos a acostar esa noche, habíamos recibido un mensaje para comunicarnos al noticiario nocturno de la CBS en Nueva York: querían hacer un reportaje.

Teníamos planes de pasar el día siguiente visitando el Castillo de San Marcos con algunos viejos amigos de la familia que se encontraban en la zona y se habían reunido con nosotros ahí. Pero en lugar de aprender sobre la influencia española durante los inicios de Florida como los demás, me apoyé en un cañón en lo alto de un fuerte de 321 años de antigüedad para hablar con Courtney, una productora de CBS de Nueva York.

—Hace cinco minutos, los seguidores de su página de Facebook ascendían a cuatro mil. ¿Tenían idea de que esto ocurriría? —preguntó Courtney.

Tenía el teléfono celular en una mano y con la otra me tapaba el oído para oír mejor, por encima del viento y del bullicio de un grupo de niños de quinto año que iban de excursión de la escuela, y respondí con toda franqueza que no tenía ni la más remota idea de que esto sucedería. Tampoco imaginaba lo que estaba por venir.

Hablé unos cuarenta y cinco minutos con Courtney. Charlamos de globos aerostáticos, delfines, muerte, el Gran Cañón, cáncer y el espíritu de una linda ancianita que, sin proponérselo, había conmovido a muchos corazones en todo el país. Courtney era auténtica y realista, alguien a quien fácilmente podía imaginar cenando en nuestra mesa. Al mismo tiempo, estaba consciente de que esta conversación podía cambiar nuestras vidas. Siguiendo el deseo de autenticidad, que había sido la fuerza propulsora de mucho de nuestro viaje, solté:

—Debo decirte, Courtney, que Norma es muy tímida y sinceramente no sé si resultará interesante para tu audiencia. Si no tiene sentido hacer este reportaje, no nos vamos a angustiar. Ella es nuestra prioridad, no obtener algún tipo de notoriedad.

No se asumió ningún compromiso al final de nuestra conversación. Courtney necesitaba "hablar con su gente" y, sin duda, yo necesitaba hablar con la mía. No podía aceptar una entrevista en televisión abierta sin tener una conferencia familiar.

—Por si te interesa —dijo Courtney cuando nos estábamos despidiendo—, ya tienen 5,200 seguidores. ¡Prepárate! Hablaremos pronto.

Las cifras en Facebook seguían aumentando. La gente de GNN nos informó que "El viaje de Norma" era su artículo más visto, y tenía más de 50,000 visitas; el siguiente artículo más popular era "Se buscan empleados: en China, urgen consentidores profesionales de pandas". ¿Cómo era posible que Norma fuera más popular que una camada de lindos oseznos panda?

Pero a medida que aumentaban las cifras, ocurría lo mismo con nuestra angustia. De hecho, mis sentimientos y los de Tim eran más parecidos al miedo que a la emoción.

Cinco años atrás, cuando Tim y yo decidimos alejarnos de la prensa, lo hicimos porque queríamos elegir, en vez de asimilar pasivamente todas las noticias que nos llegaban. La avalancha de informes negativos, terrorismo, violencia, armas, política y escándalos, era demasiado. Nos crispaba los nervios y había empezado a influir en nuestra forma de pensar. Por lo tanto, dejamos de ver las noticias y de leer periódicos y revistas. Incluso bloqueamos las noticias serias e importantes de Facebook.

Y ahora nosotros éramos noticia. Más que eso, ahora había cientos de personas que nos escribían, nos llamaban y pedían que les permitiéramos entrar en nuestras vidas.

"Mi audacia había arruinado nuestras vidas", me lamentaba cada vez que recibía una nueva solicitud o alguna notificación. Le había robado su privacidad a mi familia. La confianza que Norma y Tim habían depositado en mí estaba rota. Había creado un monstruo que no sabía cómo controlar. Incluso el latido de mi corazón, cuando estaba acostada por las noches, me ponía nerviosa.

Tim estaba enojado, muy enojado.

—Tenías que haber previsto que esto ocurriría —repetía una y otra vez—. Tenemos que dejar de publicar. Borra la página de Facebook y haz que esto termine. No podemos seguir, mamá no puede hacerlo.

¿Qué había hecho?

Miles de mensajes llegaban cada hora y nos esforzábamos por leerlos todos. También nos dimos cuenta de que este súbito interés no se limitaba a Estados Unidos. "Pueden quedarse con nosotros en Holanda para ver los tulipanes", decía un mensaje. "Gracias por transmitirnos paz", decía alguien de las Islas Canarias. Y seguían: saludos de Irlanda, una invitación de Kenia y una joven madre compartiendo las fotos de Norma con su bebé de diez meses en Japón. Grupos cinematográficos de Francia, Corea y Brasil nos rogaban que les permitiéramos unirse a nuestra familia y seguirnos en nuestro viaje.

Pese a todo, seguía diciéndome que lo único que tenía que hacer era dejar de publicar en la página de Facebook y todo esto desaparecería, y podríamos volver a la "normalidad". Sería así de sencillo, ¿verdad?

La mayoría de las tardes, Tim y yo salíamos a dar un paseo en bicicleta por el entarimado y la arena compacta de la playa, tratando infructuosamente de recuperar el aliento entre las solicitudes de los medios y los cientos de invitaciones y mensajes conmovedores. Con el viento del océano en nuestras caras y el inmenso mar azul que nos ofrecía cierto espacio y claridad, aprovechábamos esos paseos para tomar decisiones y rechazar las invitaciones que recibíamos para aparecer en programas de entrevistas, seguir encontrando el humor en nuestra situación y poner nuestra relación por encima de todo lo demás.

—¿Te gustaría dar otra vuelta por el malecón? —proponía Tim, mientras pasaba veloz a mi lado. Quizá si pedaleábamos lo suficientemente rápido podríamos dejar todo eso atrás: nuestros temores de que se aprovecharan de nosotros, de perder nuestra intimidad y de colocar a Norma en una situación terrorífica, además del diluvio de emociones que nos llegaba a través de internet.

Una noche tomé una revista *Reader's Digest* que Norma había intercambiado recientemente por una de sus novelas de acción, misterio y crímenes, en la biblioteca del parque de casas móviles. Hojeando la maltratada revista, encontré una caricatura de un gato doméstico que llevaba puesta una gorra tejida y sostenía una taza mientras pedía limosna en la calle. Su letrero de cartón decía: FUI SENSACIÓN EN YOUTUBE.

—Así somos nosotros —dije con mi voz más tranquilizadora—. Somos como los videos virales de gatos que circulan por ahí. A la larga la novedad termina y las cosas vuelven a la normalidad.

Con mis disculpas para la siguiente persona que tomara esa revista, desprendí la página y me aferré a ella como señal de que esto también pasaría. Pero ¿en realidad queríamos que eso pasara?

En cada nuevo mensaje y en cada conversación familiar

sobre nuestra situación, sentía que una pequeña luz se iluminaba en nuestro interior.

"Hace poco mi suegro murió de cáncer. Su historia me ayuda a enfrentar mi dolor", "Comparto todas sus publicaciones con los residentes del asilo donde trabajo. Los inspiran a disfrutar de sus últimos días", "Ustedes llenan un vacío en los medios", "Soy médico y voy a hablarles de otra manera a mis pacientes después de haber leído su historia", "Había tenido un día horrible después de confesarles a mis padres que soy gay. Sentía que ya no tenía caso seguir viviendo. Entonces vi una de sus fotografías y mi dolor disminuyó. Escogieron la vida, aun cuando eso requería un estoicismo extraordinario, y ahora sé que yo también puedo hacerlo", "Me han salvado la vida. Cuando veo la alegría en su rostro, sé que lo mejor de mi vida no ha terminado. Me han ayudado más que los doctores, la medicina o los terapeutas", "Mi hermana perdió la batalla hoy, Norma. Espero que usted siga conservando la fuerza en nombre de aquellos que no pudieron hacer el viaje".

Llorábamos y a veces reíamos con cada nuevo mensaje que leíamos en voz alta entre nosotros y a Norma, que sonreía de oreja a oreja mientras escuchaba las historias de personas que habían cambiado su vida, o todos cerrábamos los ojos y rezábamos por la pérdida de alguien. Una oleada de amor y empatía llegó a ocupar el lugar del miedo en nuestros corazones.

* * *

Tras este cambio en nuestra forma de ver las cosas, tuvimos que tomar una decisión sobre la entrevista de CBS. Tim estaba seguro de que su madre no había nacido para la televisión. Era tímida, siempre había desempeñado el papel de un personaje secundario y jamás el de protagonista. ¿Cómo podía, a estas alturas del juego, asumir un papel estelar sin práctica? De ningún modo.

Mientras que Tim y yo debatíamos, analizábamos y nos preocupábamos por la decisión, Norma decidió todo por su cuenta. No sabemos qué cambió dentro de ella, pero para nuestra sorpresa empezó a ver la idea con buenos ojos.

—Puedo hacerlo, Tim —nos dijo, más segura y firme que nunca.

Tal vez era terquedad, tal vez sólo quería demostrarle a Tim que estaba muy equivocado, tal vez, como en el paseo en globo, estaba preparada para escribir otra página de su propia historia; tal vez siempre había sido aficionada del noticiario nocturno de la CBS, no lo sé con plena certeza, pero una vez que se decidió, no hubo más que discutir. Ella quería intentarlo.

Courtney y yo elaboramos un plan: en primer lugar, Norma sostendría una conversación con la productora de CBS en Miami, que sería la encargada de realizar la videograbación si todo salía bien. Esta productora evaluaría la capacidad de Norma para decir oraciones completas, sin mirarnos para que la tranquilizáramos. Aunque Norma dominaba el arte de la comunicación por medio del lenguaje corporal, sus palabras seguían siendo pocas y muy espaciadas entre sí.

Tim no podía soportar la idea de que su madre hiciera el ridículo. Salió a caminar con Ringo a la playa, ya que no quería presenciar la catástrofe que estaba a punto de suceder cuando el productor de un programa que se transmitía por una cadena de televisión nacional oyera grillos al otro extremo de la línea telefónica. Tim me lanzó una última mirada y, a espaldas de Norma, abrió los ojos desmesuradamente y las comisuras de la boca con expresión de desesperación.

—Me voy. No puedo ver esto —anunció y cerró la puerta al salir de la casa rodante.

Lo que Tim no sabía era que los últimos días, cuando él no estaba, yo había estado entrenando a Norma. Ensayamos oraciones completas y nos aseguramos de que utilizara más de cinco palabras en cada una. Practicamos para que no respondiera "Ah, no lo sé" a cada pregunta, la respuesta que Tim y yo recibíamos de ella por lo general, pasara lo que pasara. Incluso nos habíamos divertido. Norma y yo teníamos una confianza que Tim desconocía.

El teléfono sonó unos minutos después.

Esperando que mi celular prepagado no se quedara sin tiempo aire, se lo pasé a Norma. Lo había utilizado sólo dos veces desde que salimos de Michigan.

—Aquí vamos. O nos hundimos o salimos a flote —dije en voz alta sin dirigirme a nadie en particular.

Sentada en la orilla de la cama, y donde no pudiera verme, escuché con atención una parte del diálogo; las manos me sudaban y tenía la boca seca por la expectación.

—Bueno, nunca he montado un caballo. Creo que me gustaría mucho —dijo al teléfono—. Además, siempre he querido ir de pesca con mosca. Sería genial también.

¡*Sí!* ¡Había dicho más de cinco palabras! Su voz tenía una fuerza y convicción que nunca había oído.

—Ah, claro, la estamos pasando de maravilla. Una de mis cosas favoritas fue cuando subimos al globo aerostático. ¡Le aseguro que me gustó mucho!

—¡Lo está haciendo increíblemente bien! —susurré y me tiré en la cama, agitando los brazos y piernas de pura emoción y orgullo.

Me sentía como una madre que ve a su hija sin garbo y descoordinada en su primer recital de ballet; para quien el simple hecho de que la niña no se caiga ya es un logro. En este caso, no sólo no se estaba cayendo, sino que prácticamente flotaba.

Cuando Norma me devolvió el teléfono tenía una sonrisa de orgullo en el rostro. El corazón me estallaba de alegría.

—¡Lo hizo muy bien! No hay problema. Lo hará de maravilla —dijo Eliana, la productora de Miami que hablaba como si la estuvieran apresurando—. Estaremos ahí el lunes y el martes, ¿de acuerdo? —ya estaba todo acordado.

—¿Y bien? —preguntó Tim cuando asomó la cabeza por la puerta. Parecía titubeante al preguntar; el sudor le escurría por las mejillas por haber trotado con Ringo o, lo más probable, por los nervios.

Norma se concretó a sonreír. Me miró de reojo y luego miró a Tim.

—Van a venir el lunes. Debo de haberlo hecho bien.

—¿Me estás tomando el pelo? —exclamó Tim—. Lo siento, mamá, pero no creí que pudieras lograrlo.

—Ay, Timmy, ¿qué te preocupa? —preguntó Norma y le aseguró a su hijo que en realidad estaba preparada para esto.

Reímos de buena gana y decidimos que era hora de que todos participáramos.

Por fortuna, el corresponsal David Begnaud y su equipo de producción eran un grupo maravilloso y nos ayudaron a acostumbrarnos a la idea de que nos vieran por televisión. Cuando terminó la grabación del reportaje de la CBS, y sólo una semana después de la publicación de GNN, la página de Facebook El viaje de Norma tenía 91,000 seguidores: *¡noventa y un mil!*

Parecía que a Norma le gustaba ser el centro de la atención; los halagos no eran en realidad algo que hubiera experimentado mucho en su vida. Nos sorprendió darnos cuenta de

que verdaderamente disfrutamos de los dos días de grabación
y salimos pensando que tal vez podíamos hacerlo y exponer-
nos al mundo a lo grande.

*   *   *

Ya entrada la tarde, un par de días después de que se marchó
el equipo de la CBS, recibimos una fotografía en nuestra página de Facebook de un caballero encantador que vivía en Zú-
rich, Suiza. En la foto aparecía él mostrando una nota escrita
a mano en una hoja de papel blanco que decía: "Bravo, Norma, te amo" y vimos que había escrito su nombre al final.

—Qué hombre tan agradable —le dije a Tim y deslicé la
computadora portátil hacia él para que pudiera verla.

Exhausta, cerré la computadora y traté de dormir un
poco. A la mañana siguiente, cuando abrí la tapa plateada de
mi computadora portátil, la fotografía del hombre agradable
todavía estaba en la pantalla. Tim y yo la examinamos con
más detenimiento y al mismo tiempo exclamamos:

—¡Santo cielo! ¡Pero si es Paulo Coelho!

Resultó ser que el hombre de la fotografía era el autor de
El alquimista, uno de mis libros favoritos. También era el autor
vivo más traducido del mundo y un héroe nacional en su tierra natal, Brasil. Paulo Coelho también había publicado la fotografía en su página de Facebook, que por casualidad tenía
veintiocho millones de seguidores.

Al día siguiente, la página El viaje de Norma recibió dece-
nas de miles de mensajes de todo el mundo, la mayoría de ellos
de Brasil. De inmediato, Tim empezó a aprender algo de por-
tugués para poder responder la mayor cantidad posible de los
mensajes. La página de Facebook recibió 39,000 nuevos seguidores y ese día respondimos 93 solicitudes de los medios de

todo el mundo. En cierto momento había de 106,000 mensajes sin leer, y la pantalla de la computadora destellaba con los que llegaban, a mayor velocidad que la que podíamos leerlos. Oficialmente, nos habíamos vuelto virales y el reportaje de la CBS aún no salía al aire.

Sin embargo, nada había cambiado en nuestras vidas. Norma seguía su rutina como reloj: se levantaba a las nueve de la mañana y, bailando, se iba a acostar a las nueve de la noche. Trabajaba tranquilamente en sus crucigramas, ponía la mesa plegable fuera de nuestra casa rodante mientras Ringo, su compañero constante, dormía la siesta a sus pies; y Tim y yo revisábamos todos los mensajes. En un sentido virtual, todo había cambiado, pero en la realidad, las cosas eran exactamente como siempre.

Entonces, una tarde llevamos a Norma a caminar en la playa de San Agustín.

Tim iba empujando la silla de ruedas a través de la arena compacta, mientras Ringo y yo nos mojábamos los dedos de los pies en el agua. Dos mujeres estaban reuniendo conchas cerca de ahí.

—¡¿Es Norma?! —oímos que una de ellas le preguntaba a la otra.

—¡Sí, es ella! ¡Es ella! —las dos mujeres corrieron hacia Norma.

—¡Ah, usted es toda una inspiración!

Me quedé atónita. Las palabras que había visto en la pantalla de la computadora de repente tenían rostros y voz, daban apretones de manos y abrazos. Olían a perfume y protector solar. Mi suegra menuda había sido reconocida en público. La saludaban como a una heroína.

Sentada, muy erguida en su silla de ruedas, Norma les dirigió una gran sonrisa a las mujeres; sus ojos estaban llenos de vida. Conversó con esas amables extrañas como una profesional, riendo y saludándolas de mano.

—Todo va a salir bien —le susurré a Tim, que se había colocado al lado de su madre como para protegerla—. ¡Lo está haciendo muy bien!

—Lo sé —repuso, antes de que las lágrimas le escurrieran por las mejillas. Me detuve a mirarlo y me di cuenta de que no sólo la estaba protegiendo, sino que había algo más. Se sentía orgulloso y conmovido, abrumado por ver con sus propios ojos el impacto de Norma en nuestro mundo.

Después de ese momento, decidimos aceptar todo. Constantemente me quedaba sin tiempo aire entre innumerables entrevistas y largas conversaciones terapéuticas con mi propia madre y mi mejor amiga, Patti, de Pennsylvania. Leer y responder mensajes, así como compartir historias de extraños que estaban cerca o lejos se volvió parte de nuestra rutina diaria.

En medio de todo esto, Tim, Norma y yo sosteníamos charlas íntimas y emotivas. A menudo recordábamos la imagen de una piedra que se lanza a las aguas tranquilas de un estanque y produce ondas que se extienden hacia las orillas, cuyas repercusiones se dejan sentir mucho más allá del lugar original. Sólo que sentíamos que esto era un peñasco gigantesco que caía al océano, donde las ondas repercutían mucho más allá de lo que nuestra imaginación podría habernos llevado.

Capítulo 10. Bondad

Tim y yo hemos sabido, desde hace muchos años, que las personas generalmente son buenas y afectuosas. Nuestros extensos viajes nos han abierto los corazones y las mentes a la belleza y diversidad de nuestro país y su gente. A través de los años hemos presenciado actos fortuitos de bondad, grandes y pequeños. Regalarle nuestro paraguas a un indigente cuando está lloviendo o que alguien pague nuestros comestibles porque olvidamos la billetera en la casa rodante son actos que se han vuelto cada vez más comunes a lo largo de los años. Nunca nos cansamos de ellos.

Cuando nos dirigíamos al sur, sentimos que esos actos de bondad se multiplicaban como nunca. Uno podría decir que fue la "hospitalidad sureña", pero nosotros sentíamos que estábamos surcando una ola de amor que atravesaba todo el país.

Llegaban invitaciones por montones de todo Estados Unidos y del mundo. "Venga a California. La llevaré a dar una vuelta en un parapente biplaza, Norma", decía un ofrecimiento. En otro nos invitaban a viajar con la compañía Steampunk Rock-and-Roll Circus, en el autobús de su gira. Nos ofrecían campamentos sólo para mujeres, peinados gratis y una solicitud para que Norma lanzara la primera bola en un partido de las Grandes Ligas de Beisbol, todo junto con innumerables invitaciones a almorzar y ofrecimientos para agasajarla con los mejores helados y parrilladas en casi cada estado. Si íbamos a Alaska, estábamos invitados a llevar a Norma a un paseo en kayak en Iditarod, a disfrutar de un automóvil de alquiler gratis y a viajar en ferry por la Autopista Marina de Alaska.

Por mucho que a Norma le habría gustado viajar en la nieve en un trineo tirado por perros y a nosotros, sin duda, nos habría encantado, estábamos muy lejos de Alaska.

Con cada invitación aceptada, aprendíamos cada vez más a saludar a las personas con la mente y el corazón abiertos. Cuando la geografía y el tiempo nos permitían aceptar una bondad ofrecida, las líneas que separaban a la gente en diferentes categorías —religión, política, raza y edad— se desvanecían y, a la larga, desaparecían. Quizás experimentamos algo mejor. Nos tocó ver la verdad en la gente, incluso en Norma: su brillo, su tenacidad, su alegría y su confianza.

* * *

A mediados de marzo, llegamos a nuestro nuevo campamento en Hilton Head Island, en Carolina del Sur. El proceso de registro fue predecible, parecido a registrarse en un hotel, con una breve explicación de las ramas bajas, las conexiones con el drenaje y la orientación de la antena parabólica.

Desde que emprendimos nuestro viaje con Norma, adquirimos el hábito de tomar material de lectura de dondequiera que pudiéramos. A menudo, eso significaba tomar folletos de viaje, periódicos locales y calendarios de eventos de las oficinas del campamento. Tim y yo estacionábamos la casa rodante y la conectábamos con las tuberías de desagüe, mientras Norma les echaba un vistazo a las nuevas publicaciones.

—¿Qué se ve bien, mamá? —preguntaba siempre Tim y, por lo general, recibía la misma respuesta cada vez: "Ah, no sé. Todo se ve bien".

Era fácil viajar con Norma, ya sabía que se nos ocurrirían algunas salidas divertidas en cada parada antes de continuar nuestro camino. No tenía agenda preestablecida. Toda excursión estaba bien para ella. Pero esa placentera tarde de sábado nos aguardaba una sorpresa.

—Hay un desfile mañana a las tres —comentó— y me gustaría ir —no había duda en su voz; era una manifestación de un deseo firme. Norma quería ir al desfile.

Quizá la había envalentonado nuestra experiencia de hacía dos días cuando Tim nos convenció de aceptar una invitación a una parrillada en un vecindario de Savannah. Había sido una fiesta de despedida para otros campistas como nosotros que habían visto nuestra historia y habían decidido emprender su propio viaje al final de sus vidas: se embarcaría en un viaje de seis meses con tres perros viejos que habían rescatado. Norma había comido una hamburguesa a la parrilla y una cerveza mientras relatábamos nuestros viajes recientes. La había observado con orgullo, esperando que siguiera teniendo el deseo de salir de su zona de confort conforme nuestro viaje avanzaba.

Tim no podía creerlo.

—Mañana es domingo, mamá. ¿Estás segura de haber leído bien?

—Sí, aquí mismo está —dio vuelta a la página del Island Packet donde estaba anunciado el trigésimo tercer desfile anual del Día de San Patricio y nos señaló el artículo.

Me di cuenta de que Tim titubeaba y traté de animarlo.

—¡Nos divertiremos horrores! Nos encantan los desfiles, ¿verdad, Timmy? —dije—. ¿Te acuerdas de cuando estábamos en Baja California y había desfiles por todas partes?

—Pero ¿dónde vamos a encontrar un lugar para estacionarnos y cómo moveremos a mamá en la silla de ruedas en medio de la atestada ruta de un desfile? No sé si es buena idea —rebatió Tim. Tenía razón en cuanto a eso. Acabábamos de llegar a la isla y todavía no nos familiarizábamos con el terreno. No iba a ser una salida sencilla.

—¿Puedes intentar disuadirla? —me pidió en voz baja, en un tono que los nonagenarios oídos de Norma ya no registraban.

Debo de haberle dirigido una mirada fulminante a Tim en respuesta a su sugerencia, porque cambió de actitud de inmediato.

—Un momento —pidió—, recuerdo haber recibido un mensaje de alguien de aquí en Hilton Head no hace mucho. No respondí porque no pensé que vendríamos —Tim empezó a buscar entre los miles de mensajes recientes—. Era de una mujer con nombre de hombre... ¡Charlie! ¡Aquí está! Trabaja en la Cámara de Comercio.

Traté de que el optimismo siguiera fluyendo.

—Tal vez podamos escribirle y preguntarle dónde sería un buen lugar para ver el desfile en silla de ruedas.

—Es sábado, y el desfile es mañana. No va a responder un correo electrónico ahora —repuso, cayendo en su viejo hábito de decir "no" antes de decir "sí"—. Es muy tarde —añadió luego como para darle un tono definitivo a su respuesta—. No podemos hacer todo.

Recurrir a una extraña tenía cien razones de peso que le incomodaban, pero sólo se necesitó una mirada a su madre, quien estaba jugando en su iPad y seguía firme en su deseo de ir al desfile, para que Tim se decidiera a escribirle una nota a Charlie.

Después de disculparse por molestarla en sábado, Tim escribió: "A Norma le encantan los desfiles, así que nos aventuraremos mañana. Si por casualidad ve este mensaje antes, quizá pueda sugerirnos un buen lugar desde donde verlo. Norma irá en silla de ruedas".

Menos de una hora después, Charlie respondió con sus recomendaciones de dónde estacionarse y ver el desfile. Empezamos a planear nuestra estrategia y hablamos de que tendríamos que salir muy temprano para encontrar un buen lugar para estacionarnos y dirigirnos a un área sombreada y agradable. Mientras hablábamos, un *ring* indicó la llegada de un nuevo mensaje de correo electrónico. Tim miró la computadora que aún tenía en su regazo. "¡Caramba! ¡Así se hace!" Muy contento, nos leyó con cuidado a Norma y a mí cada palabra del nuevo mensaje: "¿Le gustaría a Norma participar en el desfile? Tendrán un automóvil y un chofer extra".

Todos soltamos una carcajada.

Tim abandonó su pesimismo.

—¿Qué opinas, mamá?

—¡Qué rayos!, ¿por qué no? —respondió ella. Lo pensó un momento y luego añadió—: ¿creen que Ringo pueda ir también?

* * *

A la mañana siguiente, Charlie fue por nosotros al campamento y nos proporcionó un servicio personal de limusina hacia el almuerzo de dignatarios en un pub irlandés del lugar. Norma fue presentada a algunos grandes mariscales, a algunos alcaldes de la zona, al finalista de *American Idol* Lee Jean, y a numerosos extraños que no tardaron en hacerse socios del club de admiradores de Norma, siempre en crecimiento.

Mi introvertida suegra fue designada como miembro honorario del Comité del Desfile de Hilton Head y le dieron un broche y un brazalete, que le conferían, cada uno, privilegios especiales, que incluían comida y bebidas gratis antes del desfile. No pasó mucho tiempo antes de que ella, Tim y Ringo fueran conducidos en un vagón de tranvía antiguo rumbo al lugar donde comenzaría el espectáculo.

Mientras tanto, a mí me llevaron a la tribuna de dignatarios con la madre de Lee Jean, desde donde teníamos la mejor vista del desfile en la isla. A mi lado colocaron una cámara de televisión grande y profesional. Del otro lado de la calle había un anuncio: TRANSMITIENDO EN VIVO POR WSAV.COM. Quería estar en el momento, pero también quería compartir este alocado giro de los acontecimientos con alguien. De lo contrario, no habría creído que estaba sucediendo. Le envié un mensaje de texto a Patti y a su pareja, April, en Pennsylvania, porque sabía que les divertiría enterarse de nuestra buena fortuna de los últimos días. Tal vez incluso podrían ver a Tim, Norma y Ringo en el desfile.

Había casi treinta y cinco mil personas abarrotando las calles, y todas ellas llevaban puesto algo verde. Bandas marciales de las preparatorias, compañías de bailarines irlandeses, automóviles decorados y carros alegóricos con políticos locales y estudiantes de escuelas primarias marcharon, hicieron diversas paradas y continuaron avanzando durante horas. Había pasado más o menos una tercera parte del desfile cuando noté que algunos chicos adolescentes de la multitud empezaban a gritar como locos cuando vieron a Lee Jean, de dieciséis años, en su Jaguar convertible plateado. Él agitó la mano con timidez y sonrió. Su madre se inclinó hacia mí y me dijo, por encima de los gritos agudos de la multitud:

—Se está acostumbrando poco a poco a su nueva fama.

Tuve un momento para reflexionar en los paralelismos interesantes entre lo que estaban experimentando estas dos celebridades recién descubiertas; una, un adolescente; otra, una nonagenaria; y luego lo vi: el siguiente automóvil detrás del Jaguar deportivo era un Ford Mustang convertible, color verde irlandés. La energía juvenil de la multitud se disipó y un grupo decididamente adulto del público prestó atención a los pasajeros. En el costado de este automóvil decía: NORMA.

La vista desde lo alto me permitía abarcar toda la avenida Pope. Los árboles comenzaban a despertar de su sueño invernal y en sus ramas asomaban capullos delicados que decoraban la isla justo a tiempo para el espectáculo de inspiración irlandesa. Cuando se acercó el Mustang, me dio risa ver a Ringo en el asiento delantero. Luego vi algo que me dejó sin aliento: una sonrisa casi irreconocible en el rostro de Norma. Sentada en un asiento alto en la parte posterior del auto, saludaba con la mano y sonreía como si la acabaran de nombrar reina del baile de graduación. Se veía más viva que nunca y, definitivamente, irradiaba alegría. En aquel momento no parecía tener un pelo de tímida o retraída.

No pude contener mi orgullo y felicidad. Me puse de pie y la saludé con la mano junto con el resto de la multitud. Aplaudí y me mecí un poco al ritmo de la música de una banda que venía detrás de ellos. Al igual que las adolescentes de hacía unos minutos, grité de emoción, embargada por las sensaciones del momento. Ahí estaba, dándose la gran vida y aceptando su nueva posición de celebridad recién descubierta, con los brazos abiertos que saludaban a la multitud y la sonrisa contagiosa que cautivaba al público que la seguía por la ruta del desfile.

Mi teléfono celular vibró dentro del bolso de mi cámara. Un mensaje de texto de Patti decía: "¡Acabamos de verlos! ¡Acabamos de verlos! ¡Dios mío! ¡vaya vida la que se están dando!". El siguiente mensaje decía: "¿Conocieron a Lee Jean? ¡lo adoramos!". Reí, deleitada por haber compartido ese momento con alguien.

Mientras el resto del desfile pasaba frente a mí, continué sintiendo la adrenalina corriendo por mis venas. De pronto, recordé cuándo había sido la última vez que había visto a Norma en un automóvil así. Hacía unos quince años, Stacy le había regalado a Leo un Toyota mr2, modelo 1988, al cual la familia solía llamar Míster 2. Había muy pocos de esos automóviles en Estados Unidos, y hoy quedan todavía menos, puesto que son autos veloces y pequeños, y los pilotos de carreras los han convertido en montones de chatarra.

La velocidad no era lo que les interesaba a Leo y a Norma. Estaban llegando a los ochenta años de edad y eran suficientemente sensatos como para no estrellar y dejar este *go-cart* estampado en un árbol. Le quitaban los paneles del techo e iban a la iglesia con el viento revolviéndoles el cabello. Era su auto "dominguero" y Norma tenía muchos buenos recuerdos de Leo haciendo girar los neumáticos en los caminos rurales de grava del norte de Michigan, y ella a su lado en ese auto gris de dos plazas.

Esa mañana Norma me había dicho que sólo una vez había ido a un desfile.

—Fue en el auto deportivo de papá, Míster 2 —compartió—. Ya sabes, sólo dos vueltas alrededor del faro de Presque Isle y en diez minutos se había acabado el desfile.

"Si Leo pudiera verla ahora, siendo el centro de atención de miles de personas", pensé.

Esa noche, a las nueve en punto, cantamos y nos fuimos

bailando a la cama, como de costumbre, pero esta vez al ritmo de una banda y Norma haciendo de bastonera.

—¿Cómo te sientes después de este día maravilloso, Norma? —esperaba una respuesta reflexiva sobre lo extraordinario que había sido oír a todas esas personas vitoreándola, o tal vez un comentario sobre los hermosos carros alegóricos que había visto desde la tribuna después de haber recorrido toda la ruta, o algo respecto a que ahora estaba invitada a hacer cosas geniales en la zona, como conocer a los espléndidos caballos Clydesdale de Budweiser e ir a una playa privada exclusiva.

—No sé qué decir —reflexionó Norma—, pero de una cosa estoy segura —hizo una pausa, como si hubiera practicado el momento perfecto de una entrada cómica—: ¡cómo me va a doler el brazo mañana! Fueron muchos saludos.

* * *

La semana siguiente, nuestra nueva amiga Charlie nos ayudó a hacer los arreglos para viajar dos horas al norte de Hilton Head Island para visitar la ciudad histórica de Charleston, Carolina del Sur. Teníamos reservaciones en el mejor hotel de la ciudad, el Belmond Charleston Place, para toda nuestra visita. El hotel se encontraba a unos pasos de muchas atracciones turísticas, por lo que pudimos llevar a Norma a ver todo tipo de lugares, con el apoyo de la silla de ruedas.

Llegamos antes de la hora de entrada y nos sorprendió y llenó de gratitud descubrir que nos darían habitaciones "Nivel Club", mejores que las que habíamos reservado, lo cual incluía comidas y bebidas de cortesía que servían cinco veces al día. El hotel también nos eximió del pago de la cuota acostumbrada por mascotas, por Ringo.

—¿Qué te parecería una copa de champaña, mamá? —Tim le preguntó a Norma cuando estábamos en la recepción esperando que prepararan nuestras habitaciones. Esa mañana, mientras cargábamos la camioneta, nos dimos cuenta de que nuestro viaje a Charleston coincidiría con el cumpleaños de Leo. Queríamos que fuera un día especial.

—Claro, ¿por qué no? —respondió.

Tim subió por la sinuosa escalera que conducía al área del bar y comedor, mientras Norma, Ringo y yo esperábamos en la planta baja, donde tuvimos que quedarnos porque Ringo no podía acercarse al bufet. Cuando Tim volvió, llevaba largas y elegantes copas de champaña y venía seguido por dos jóvenes cantineras llamadas Amanda y Robin.

—Quisieron venir a conocerte, mamá —dijo cuando se las presentó a Norma. Y luego, dirigiéndose a mí, agregó—: les conté la historia de mamá mientras nos servían el champaña, se emocionaron mucho y quisieron venir a saludarla. Les advertí que podría estar un poco melancólica hoy porque era el cumpleaños de papá, el primero desde que murió.

Luego de algunos minutos de saludos y charla, nuestras nuevas amigas tuvieron que volver al trabajo, pero antes de subir al bar, nos imploraron que pasáramos a cenar y a tomar unos cocteles esa noche.

—Nos encantaría —respondí.

Inmediatamente después de que Amanda y Robin se marcharon, un hombre alto apareció con un sobre.

—¿Es usted Norma? —preguntó.

El cuerpo menudito y liviano de Norma apenas empezaba a dejar huella en el sofá de cuero negro donde estaba sentada con la copa de champaña en su mano huesuda. Se inclinó hacia delante.

—Sí, soy Norma —alzó la mirada y vio a la figura ligeramente intimidante que tenía frente a ella. Su mirada era amable y la sonrisa dulce de Norma no tardó en aparecer.

—Me llamo Gary. Trabajo en la oficina de convenciones y visitantes, y estamos muy emocionados de que usted se encuentre en nuestra ciudad.

—Es muy agradable —respondió Norma con facilidad.

—Tengo un regalo de bienvenida para usted —continuó él—. Queremos que disfrute de nuestra ciudad. Aquí tiene boletos VIP para todas las atracciones turísticas en Charleston y el área aledaña, como visitas guiadas por casas históricas, paseos en carruajes, plantaciones y jardines, recorridos por el muelle, ¡lo que usted quiera!

Norma abrió los ojos desmesuradamente y aguzó el oído.

—Sólo que hay una condición...

Miré con nerviosismo a Norma y a Tim. ¿Qué podría ser esa condición? Al aceptar esta generosidad, ¿nos habíamos metido en algo malo? ¿Nos estaban utilizando? En mi mente destellaron señales rojas de alerta, ya que siempre pensaba, antes que nada, en proteger a mi familia. Me di cuenta de que Tim estaba pensando lo mismo.

Pero Gary sólo dijo:

—¿Podría darme un abrazo, Norma? —nos contó que había perdido a su madre y la echaba mucho de menos. Utilizarnos para hacer publicidad u otras peticiones horribles que mi mente había evocado estaba muy lejos de sus intenciones—. Le agradecería mucho que no abra siquiera su computadora durante su estancia en nuestra ciudad —pidió—. Diviértase.

Así, Gary obtuvo el abrazo que quería y nosotros recibimos un pase con acceso total al maravilloso arte y cultura de Charleston. Sin embargo, y mucho más importante, nos dio una lección de cómo mantener el corazón siempre abierto.

Después de eso, nos instalamos en nuestras habitaciones

y descansamos un rato, hasta que llegó la hora de cenar. Mientras Ringo disfrutaba de las sábanas de mil hilos de la cama *king-size* de la suite presidencial, nos dirigimos al bar y restaurante.

Mi suegra no era bebedora, pero parecía como si en este viaje hubiera decidido disfrutar de una cerveza con Tim al final de cada día. Ciertamente, los cocteles no eran de su preferencia. Pero como hija de la Gran Depresión, cualquier cosa que fuera gratis le llamaba la atención.

—¿Qué va a tomar, Norma? —preguntó Amanda, quien la conquistó con su encanto natural y hospitalidad.

Como pez fuera del agua, Norma miró a Tim para que la ayudara a responder. Estaba lista para una nueva aventura, sólo que no sabía qué pedir.

—¿Has probado el gin and tonic, mamá?

—No, no lo creo —respondió ella.

—Vamos a empezar con eso, Amanda —le dijo Tim a nuestra amiga.

La comida gourmet parecía interminable, y las bebidas que Amanda nos servía eran cada vez más exóticas conforme transcurría la velada. A decir verdad, todo era exótico para Norma, y ahora le parecía que todos tenían una historia única que contar. Nos enteramos de que la pasión de Amanda no era ser cantinera, sino componer música y algún día esperaba crear la música incidental de una película.

A las diez de la noche era la última llamada del bar del Nivel Club, y nos estábamos divirtiendo tanto que Norma no se dio cuenta de que su hora de acostarse había pasado. Casi todo el mundo se había marchado, ya sea que se fueran a sus habitaciones o a uno de los otros bares del hotel. Nosotros estábamos tomando a sorbitos lo que quedaba de nuestras copas, sentados en el bar, y charlando todavía con Amanda y Robin. Cuando estábamos a punto de despedirnos y volver a nuestras habitaciones, Robin fue al fondo del bar y volvió con un plato; esbozó una sonrisa radiante cuando lo puso frente a nosotros. En el plato estaba un pequeño pastel de chocolate y ron, adornado con cerezas, crema batida y dos velas prendidas. "Feliz cumpleaños, Leo", se leía sobre el glaseado de chocolate.

Di un grito ahogado y me llevé la mano a la boca. Las velas prendidas iluminaron el rostro de Norma y resplandecieron aún más en el reflejo en sus anteojos. Fue tan repentino, tan inesperado y tan generoso que, al instante, a todos se nos llenaron los ojos de lágrimas, incluso a las dos empleadas del hotel. Embargados por la emoción, los tres nos inclinamos, tomamos aire y apagamos las velas de un soplo.

Habían pasado casi nueve meses desde la muerte de Leo y habíamos estado tan ocupados, habíamos pasado por tantos cambios, que apenas habíamos mirado atrás. Este sencillo gesto nos permitió detenernos un momento para recordar y llorar nuestra pérdida.

Más tarde esa misma noche, Tim me susurró:

—Es la primera vez que veo llorar a mamá por la muerte de mi padre. ¡Qué regalo!

Capítulo 11. Celebración

Cuando cruzamos la frontera de Georgia, habíamos dejado de resistirnos y empezamos a aceptar las nuevas experiencias que continuamente se nos presentaban. Por eso, cuando una mujer de Marietta, Georgia, que había estado siguiendo nuestra página de Facebook, nos invitó a almorzar con ella en el patio de su hostal en Savannah, aceptamos de inmediato.

Toren se enamoró al instante de mi madre. Cuando le contamos que mamá iba a cumplir noventa y un años el próximo 31 de marzo, nos invitó a quedarnos en su casa, con ella y Aidan, su hijo adolescente, para celebrar el cumpleaños de mamá en Marietta Square. Toren dijo que quería que fuera un día muy especial para Norma, estaba decidida a que toda su comunidad participara en la celebración.

Ramie y yo no teníamos en mente nada en particular para festejar el cumpleaños de mamá. Como mucho, esperábamos organizarlo de modo que no celebráramos solos la ocasión en un estacionamiento del camino. Le preguntamos a mamá qué pensaba de pasar su cumpleaños con Toren y Aidan en Marietta.

—Claro, creo que sí —respondió, con apenas un dejo de vacilación.

La casa rodante necesitaba mantenimiento, por lo que llegamos un día antes y la dejamos en un taller cercano de remolques. Cada uno empacó una pequeña maleta de ropa y artículos de tocador, y luego fuimos en la camioneta a la casa de Toren, donde pasaríamos los siguientes cinco días. A pesar de su aprobación inicial, después de llegar, tuve la impresión de que la situación incomodaba a mi madre. Cuando titubeó en usar la ducha del cuarto de huéspedes esa noche, me vi obligado a preguntar qué ocurría.

—Nunca he usado la ducha de otra persona —respondió, ligeramente avergonzada.

Reflexioné en el hecho de que mis padres rara vez habían viajado durante su vida de casados y, por supuesto, nunca habían pasado la noche en casa de un extraño.

A la mañana siguiente estacionamos la camioneta en un lote a pocas calles de distancia de Marietta Square, donde Toren había dicho que habría alguien esperándonos. Vimos un Chevy 1955 rojo con blanco, cuyo motor estaba en marcha lenta y tenía un par de dados de peluche colgando del espejo retrovisor; el humo azul que despedía el escape indicaba que su viejo motor estaba quemando un poco de aceite.

—Éste debe de ser nuestro vehículo —les dije a mis pasajeras.

Con una reverencia, Lenny, nuestro conductor, abrió la puerta trasera del auto y ayudó a mamá a subir al asiento trasero, cuidando de no tirarle la tiara de cumpleaños que Toren le había puesto en la cabeza con el techo de terciopelo rojo brillante del automóvil. Sin embargo, cuando cerró la puerta, el motor del auto se ahogó. Desesperado, pisó varias veces el pedal de acelerador mientras giraba la llave para encenderlo,

pero lo único que obtuvo fue un ruido fuerte y varias nube-
cillas de humo. El motor arrancó al fin y avanzamos un poco,
pero volvió a detenerse en una intersección, a una cuadra de
nuestro destino.

—¿Nos ofrecemos a bajarnos y empujar el auto? —le susurré a Ramie, que estaba sentada a mi lado en el asiento trasero—. Si logramos doblar esta curva, de aquí a la plaza el
resto continúa cuesta abajo.

A Ramie le agradó la idea, pero antes de que pudiéramos
poner mi plan en acción, el automóvil volvió a la vida con un
pequeño estallido. Cuando doblamos la calle, alcanzamos a
ver que más adelante había mucha conmoción frente a The
Marietta Local, el popular restaurante al que nos habían invitado. Una patrulla de la policía y un camión de bomberos
estaban estacionados frente a la entrada del establecimiento y personal uniformado de azul se hallaba distribuido por
la acera para contener a los cientos de personas emocionadas que habían ido a manifestar sus buenos deseos. Ramos
de globos morados, rosas y verdes llenaban la calle. Dos animadoras de los Halcones de Atlanta, el equipo de basquetbol
profesional, estaban cerca de la puerta, agitando sus pompones. Y un nutrido grupo de representantes de los medios estaban en la acera; todos esgrimiendo sus cámaras, micrófonos
y blocs de notas.

—¿En qué nos hemos metido? —murmuré. Frente a nosotros teníamos un espectáculo que nunca esperé ver y temí
que este evento fuera demasiado extravagante. No bien habíamos bajado a mamá del automóvil y la habíamos instalado
en su silla de ruedas cuando ya estábamos completamente ro-
deados por la muchedumbre amistosa. Lo único que Ramie y
yo podíamos hacer era apartarnos a un lado y esperar que Norma pudiera manejar la atención y no se sintiera apabullada. A

los dos nos sorprendió un poco ver que, sin duda alguna, sabía conducirse como toda una profesional.

Ahí estaba mi madre, una mujer modesta y callada, que nunca había querido causarle molestias a nadie. Por lo general, ella y papá celebraban sus cumpleaños así: cenaban temprano en un Applebee's en Alpena, Michigan, a unos cuarenta kilómetros de su casa en Presque Isle. Ramie y yo llamábamos de dondequiera que estuviéramos para cantarles "Feliz cumpleaños" y oír que nos contaran lo que habían cenado. Los cumpleaños nunca habían significado mucho en nuestra familia. "Sólo eres un año más viejo, eso es todo", solía decir mi papá. Mamá hacía un pastel para mi hermana y para mí, pero nunca tuvimos la clásica celebración de cumpleaños con un montón de niños invitados como muchos de nuestros compañeros.

Debido a que mamá siempre rehuía la atención y los elogios, había sido casi siempre la que daba, y no recibía, amor y cuidados. Había vivido para cumplir noventa y un años y había decidido pasar sus últimos días, el tiempo que le quedara de vida, en una aventura bajo sus propios términos. Y, al parecer, toda la ciudad de Marietta no la iba a dejar salirse con la suya y rechazar su celebración. Personas de todas las edades clamaban por tomarse una fotografía con mamá, desearle "Feliz cumpleaños" o sólo estar cerca de ella. Me quedé a unos metros de distancia, casi en la calle, charlando con Jim, el propietario del restaurante.

—Me cuentan que te gusta cocinar, Tim —comentó, mientras observábamos la acción en la esquina—. Pensé en algo muy especial para ti, esta mañana. ¿Te gustaría preparar nuestro desayuno especial para el cumpleaños de tu madre?

¿Cómo podía rechazar esta amable oferta?

Me entregó una chaqueta negra de chef y un delantal y me presentó a su chef ejecutiva, Briton, quien me condujo a la cocina profesional del restaurante para preparar pan francés y pollo frito sazonado con especias. Siguiendo su ejemplo, me puse guantes de látex y sumergí rebanadas gruesas de pan *brioche* en la mezcla preparada de huevo. Después de colocar el pan empapado en la plancha de la estufa para cocinarlo, concentré mi atención en rebozar las pechugas de pollo y después ponerlas en la freidora profunda hasta dorarlas. Ya con todo preparado como era debido, serví nuestros platos y bañé el pan francés con puré de manzana caliente, antes de espolvorear con un poco de azúcar glas. Tomé los platos y regresé apresuradamente al comedor. Había pasado de mostrarme aprehensivo por el tamaño de la fiesta a tener temor por lo que me estaba perdiendo. Quería ser parte de la celebración.

En efecto, la fiesta estaba en todo su apogeo en ese momento, y ésta era mi primera oportunidad de admirar todo el panorama. Habían puesto letras grandes formadas con globos dorados que decían NORMA TIENE 91 AÑOS a lo ancho de la pared de ladrillos que dominaba el espacio. En cada mesa había arreglos florales y otros adornos. Varios globos aerostáticos a escala pequeña, con todo y canastillas de pasajeros diminutos, flotaban alrededor del salón, como haciendo alusión al paseo en globo de mamá hacía más de dos meses. En el rincón, dos hombres tocaban *bluegrass* con un banjo y una guitarra, creando el fondo musical perfecto para la celebración. El lugar estaba repleto de invitados que acudían en tropel a la "barra de galletas" que Jim y su esposa, Sophia, habían puesto esa mañana. El ambiente era increíblemente festivo.

Acababan de tomarle una fotografía a mamá con las animadoras de los Halcones quienes, me di cuenta, no se cansaban de agasajarla. Le dieron una "bolsa de regalos" rebosante de mercancía con el logotipo de la NBA, que incluía una camiseta firmada por Mike Muscala, cuyo número, el 31, era un homenaje a la fecha de nacimiento de mamá. También habían incluido tres boletos para ver jugar a los Halcones frente a los Cavaliers de Cleveland la noche siguiente. Era demasiado abrumador para todos nosotros.

—Mira esto, Timmy —dijo mamá cuando se sentó a comer mi creación para el desayuno. Llevaba en la muñeca una hermosa pulsera de plata llena de dijes que representaban su viaje hasta ese momento: un globo aerostático, un contorno del estado de Georgia, una concha marina y el número 91—. La dueña de una joyería cercana me la dio —añadió. Me di cuenta de que muchos de los dueños de los comercios de la plaza le habían dado canastas de regalos o artículos de sus tiendas, que estaban apilados en una mesa cercana. Mamá nunca había recibido tantos regalos juntos en toda su vida.

Al fin llegó la hora del pastel de cumpleaños. Creando una nueva tradición sureña, Jim preparó un bizcocho gigante, casi del tamaño de la tapa de una alcantarilla, lo colocó en una bandeja y lo cubrió de velas de cumpleaños.

—Lo siento, pero no había espacio suficiente para noventa y un velas prendidas —se disculpó entre risas. A pesar de todo, la gran cantidad de velas era imponente para alguien que tenía pulmones muy pequeños para apagarlas todas de un soplo. Sin embargo, mamá no tenía nada que temer porque tres bomberos de la ciudad de Marietta acudieron rápidamente a ayudarle con la tarea.

—¿Qué deseo de cumpleaños va a pedir, Norma? —gritó alguien.

Mamá hizo una pausa y reflexionó unos momentos antes de responder.

—Vivir para cumplir noventa y dos —expresó al fin.

* * *

Mamá continuó celebrando su cumpleaños al día siguiente en Atlanta. La administración de los Halcones nos contactó para ver en qué hotel estábamos registrados.

—Nos gustaría mandarles una limusina para que los lleve al partido —manifestaron. Les explicamos que nos estábamos quedando con una mujer que acabábamos de conocer por medio de Facebook, en su casa en Marietta, pero nos dijeron que eso era inaceptable —. Nos gustaría que fueran nuestros invitados en el Omni Atlanta Hotel —continuaron—, así, Norma no tendrá que salir para ir a ver el partido de basquetbol.

Ninguno de nosotros estaba seguro de lo que eso significaba, pero aceptamos complacidos su ofrecimiento de todos modos. Sería un verdadero lujo volver a hospedarnos en un hotel. Teníamos planeado un gran día en Atlanta. No sólo íbamos a ver el partido de basquetbol por la noche, sino que también habíamos aceptado una invitación para visitar el acuario de Georgia, el más grande en el hemisferio occidental.

Llevé a mamá en su silla de ruedas por las columnas gigantes de mármol hasta el vestíbulo del hotel de lujo, un edificio muy alto, y nos sentimos un poco intimidados. Estábamos viajando juntos por el país en una casa rodante y, por lo tanto, no habíamos empacado ropa formal. Colgadas de las empuñaduras de la silla de ruedas, llevábamos varias bolsas de playa que contenían nuestra ropa y artículos de tocador. Ramie nos seguía de cerca con los abrigos, un bolso de mano y el maletín de su cámara.

—Ay, Dios mío, parecemos los Beverly Ricos —comentó mamá, refiriéndose al programa de comedia de los años sesenta que yo veía cuando era niño.

Antes de que pudiéramos retroceder, Leslie, la gerente del hotel, nos vio.

—Bienvenidos y feliz cumpleaños, Norma —nos saludó

con acento sureño y una sonrisa franca. Las cámaras destellaron cuando algunos empleados de la recepción coronaron a mamá con otra tiara y le pusieron una banda de cumpleaños sobre el pecho.

Nos mostraron nuestras habitaciones en el décimo piso, con terrazas que dominaban el bullicioso atrio del CNN Center. De pie, al lado de mi madre, observamos a la gente que subía los ocho pisos por una escalera eléctrica hasta el gigantesco globo terráqueo, la zona más relevante del recorrido del estudio de la cadena noticiosa. Señalé las ventanas donde se veía a los periodistas trabajando, algunos transmitían en vivo.

—¿Crees que Anderson Cooper pueda vernos? —preguntó mamá cuando cayó en la cuenta de que el hijo de Gloria Vanderbilt podía ser uno de ellos.

Sin embargo, no tuvimos tiempo de saborear la vista, porque alguien llamó a la puerta. Era un empleado del servicio a habitaciones que iba a entregar un pastel de chocolate y un cubo de cervezas heladas, cortesía del hotel. Ramie había publicado una fotografía de mamá con cinco tipos de pasteles, mientras bebía cerveza y hacía guiños; y, en apariencia, comenzamos una tendencia. En todos lados nos colmaban de pastel y cerveza. De hecho, éste era nuestro tercer pastel desde que salimos de la fiesta en Marietta, el día anterior. Todo estaba delicioso y todos se portaron sumamente generosos, pero nosotros tres ya estábamos hartos.

—¿Por qué no se me ocurrió decir que me gustaban el queso y las galletas saladas? —mamá rio y todos nos miramos la cintura.

La limusina del hotel nos dejó en la entrada principal del Acuario de Georgia, justo a tiempo para nuestra cita de la una de la tarde. A Ramie y a mí nos entusiasmaba mucho mostrarle a mamá la exhibición Ocean Voyager con sus cuatro tiburones ballena, los únicos en cautiverio fuera de Asia. Ya le habíamos contado de los tiburones ballena que frecuentaban la bahía de Baja California donde esperábamos llevarla y queríamos que tuviera una idea de cómo eran los peces más grandes del mundo.

Cuatro miembros del personal nos recibieron e hicieron pasar por la atestada entrada principal. El personal hizo una señal para que todos se hicieran a un lado y dejaran pasar a mamá en su silla de ruedas; el enjambre de personas se separó como cuando Moisés dividió las aguas del Mar Rojo. No tuvimos que batallar mucho tiempo con las multitudes, ya que pronto nos desviamos hacia un pasillo sin señalización, detrás de una puerta cerrada con llave.

—Tenemos varias cosas especiales planeadas para usted el día de hoy, Norma —indicó Megan, la coordinadora de relaciones públicas del acuario, que iba delante de nosotros—. Vamos a pasar primero a esta sala a conocer a Diego.

Diego, según nos enteramos poco después, era la atracción estrella del acuario: un león marino, que estaba descansando en su recinto privado. La habitación larga y un poco estrecha contenía una piscina grande con rocas simuladas en toda la parte posterior. El tanque, cercado al frente por 7.5 centímetros de acrílico, tenía alrededor de 1.20 metros de altura, pero era suficientemente bajo para que Diego colgara del borde, que fue como lo encontramos cuando entramos.

Mamá no imaginaba que pasaría los siguientes veinte minutos divirtiéndose con uno de los personajes más adorables que había conocido en su aventura hasta el momento. La invitaron a tocar al león marino y a notar las texturas diferentes de su piel y pelaje. Mamá y Diego se mostraron mutuamente la lengua, posaron para las fotografías y disfrutaron de un beso simulado antes de que llegara el momento de continuar.

—Ese león marino de verdad tenía muy mal aliento —me susurró mamá al oído cuando salíamos del estanque.

Nuestras guías del acuario nos condujeron por un laberinto de pasillos y nos explicaron los recovecos de las instalaciones que costaron trescientos millones de dólares. Pasamos por el vanguardista laboratorio de diagnóstico y hospital veterinario, equipado para atender incluso a un tiburón ballena enfermo. En seguida fuimos al área de zootecnia, una cocina especialmente diseñada que se ajusta a normas de higiene y calidad, incluso más estrictas que las cocinas de los restaurantes, donde se prepara toda la comida para los miles de peces y animales.

Pronto salimos del corredor y entramos en lo que parecía un salón de baile. Mamá dio un grito ahogado ante lo que vio, mientras yo empujaba su silla de ruedas para doblar la esquina. Frente a nosotros se hallaba una pared de acrílico de tres metros de altura, que abarcaba toda la extensión del cuarto y nos separaba de la parte posterior de la exhibición Ocean Explorer. El director de operaciones del acuario, Joe, y algunos miembros del personal estaban esperando a mamá para agasajarla con una fiestecita. Hubo más pastel, pero esta vez era en forma de tiburón ballena, y cervezas surtidas. Nos sentamos a disfrutar de los refrigerios con Joe, pero nos sentíamos hipnotizados por el esplendor acuático que se extendía ante nosotros.

Revigorizados con el pastel y cerveza, tuvimos que dar por concluido el recorrido para volver al hotel a tiempo para el partido de basquetbol. Sin embargo, no pudimos resistirnos a ver las cuatro ballenas beluga residentes antes de marcharnos, y mamá tuvo que taparse los oídos cuando los encantadores animales emitieron ruidos agudos a través de los orificios nasales, cerca de sus espiráculos.

* * *

El juego de esa noche era el espectáculo más solicitado de la ciudad. El mismísimo "King James", es decir, LeBron James, la estrella de los Cavaliers, iba a jugar y eso siempre significaba que se agotarían las localidades.

Pero esa noche nadie podría haber encontrado un fanático de los Halcones de Atlanta más apasionado o lleno de entusiasmo que mi madre. Su blusa verde limón destacaba los rojos y verdes del jersey, y la gorra de los Halcones, que se había puesto aunque le quedaba grande y que estaba inclinada en un ligero ángulo en la cabeza, la hacían ver como si acabara de salir de un video musical de hip-hop. Llevaba en el regazo toda una variedad de artefactos de ruido y una mano grande de hule espuma que decía ¡VAMOS, HALCONES! Mientras esperábamos a nuestros anfitriones, muchos de los aficionados del basquetbol fueron a tomarse fotos con mamá. No entendíamos el súbito despliegue de interés hasta que un hombre nos dijo:

—Los Halcones acaban de publicar una serie de anuncios en Twitter e Instagram sobre ustedes.

Una puerta lateral cercana a la entrada principal se abrió y salieron las dos animadoras que habían estado en la fiesta de cumpleaños de mamá el día anterior para entretener a los fanáticos que esperaban.

Nos vieron y de inmediato corrieron hacia nosotros; en cuanto llegaron, se acuclillaron para hablar con mamá en su silla de ruedas.

—Se ve muy linda, Norma —dijeron y me pasaron sus teléfonos para que les tomara fotografías. Me di cuenta de que muchas de las personas se preguntaban por qué llamaba tanto la atención esa anciana.

La puerta no tardó en volver a abrirse y Margo, la coordinadora de responsabilidad social de los Halcones, nos hizo una seña con la mano para que pasáramos a la arena.

—Estamos muy contentos de que haya venido a ver el juego —afirmó con entusiasmo, mientras nos hacía pasar por los controles de seguridad—. Tenemos varias sorpresas para usted esta noche.

Mamá nunca había ido a una arena deportiva moderna, incluso Ramie y yo estábamos muy impresionados por el tamaño y la grandiosidad de la Philips Arena.

—Miren nada más este lugar —mamá murmuró admirada, mientras cruzábamos la zona exterior repleta de personas.

Seguimos a Margo y a su asistente al nivel superior de la arena, donde había una fila ancha de sillones en vez de asientos fijos.

—Va a ser fantástico —le dije a mamá, mientras admiraba la vista totalmente despejada de la cancha en la planta baja.

Pero no nos quedamos ahí mucho tiempo; nos condujeron con rapidez de regreso al nivel inferior por un túnel que llevaba a la cancha. Ahí estaba Dominique Wilkins, exestrella de la NBA y miembro del Salón de la Fama, firmando autógrafos a la orilla de la cancha. Dominique, que medía más de dos metros de estatura y había sido jugador estrella de los Halcones, fue famoso por ser uno de los mejores de la liga en las "clavadas", se veía imponente junto a nosotros cuando posamos para una fotografía con él. Luego nos invitaron a sentarnos un rato en asientos de primera fila, y nos admiró descubrir lo cómodos que eran en comparación con las tribunas generales de los estadios.

Cuando Dominique terminó de atender a sus fanáticos, se acercó y se sentó al lado de mamá. Le dio un gran beso en la mejilla y le pasó el brazo por el hombro. Empezaron a hablar, pero no pude oír su conversación, sólo la risa de mamá. Para mí, era evidente que estaba encantada con este hombre de traje, que tenía pies enormes.

El entrenador en jefe de los Halcones se acercó.

—Me informan que Norma va a ser mi cocapitana en el partido de esta noche —me dijo—. Usted y su esposa tendrán que ayudarla a llegar al centro de la cancha.

Ramie y yo levantamos con cuidado a mamá de su silla de ruedas y la tomamos cada uno de un brazo para ayudarla a llegar al centro para participar en la reunión de los árbitros con los capitanes de los Halcones y los Cavaliers.

—No puedo creer todo esto —me dijo mamá mientras mirábamos a los casi veinte mil espectadores que a su vez nos veían en ese momento.

Impacientes por llegar a nuestros lugares, seguimos a nuestros guías de regreso al túnel de entrada.

—¡Norma, Norma, espere! —oímos gritar a alguien cercano—. Quiero hablar con usted —todos alzamos la mirada y vimos que un joven de veintitantos años se abría paso entre la multitud y se dirigía hacia nosotros. Cuando nos alcanzó, añadió—: me llamo Oliver, y mi papá es el dueño del equipo.

La expresión del rostro de nuestros guías dejó en claro que él era, en efecto, el hijo del hombre que había comprado a los Halcones en fechas recientes.

—Sólo quiero darle las gracias por ser una inspiración para mi familia —continuó—. Después de leer su historia, tomamos unas vacaciones familiares por primera vez en la vida. ¡Fue maravilloso! —se agachó y le dio a mi madre un abrazo muy fuerte.

Ella se limitó a sonreír. Sabía que a mamá le costaba trabajo asimilar la idea de que muchas personas de todo el mundo y en todo tipo de situaciones sociales la consideraran una fuente de inspiración. En ese momento acababa de oír que había inspirado a un multimillonario y a su esposa, que era actriz, a llevar a sus hijos a algún lado a pasar un tiempo en familia. Incluso a Ramie y a mí nos parecía difícil creer que su historia pudiera ser así de conmovedora.

Regresamos a nuestros asientos en el preciso instante en que un espectáculo de luces láser iluminó la cancha para presentar la alineación inicial de ambos equipos. Los Cavaliers estaban pasando por una racha ganadora y eran los favoritos, por mucho, para ganar. Casi al final de la primera mitad, iban adelante 41-28.

Durante un tiempo fuera, unos instantes antes del medio tiempo, el rostro de mi madre apareció de pronto en la pantalla gigante que dominaba la parte superior del centro de la cancha. Me di cuenta de que algo estaba a punto de suceder cuando de pronto apareció todo el equipo de animadoras de Atlanta y rodeó la silla de ruedas. Un camarógrafo llegó unos minutos después y cuando nos dimos cuenta, mamá estaba saludando y agitando pompones durante treinta segundos con mujeres casi siete décadas menores que ella.

Los Halcones mejoraron durante la segunda mitad y, finalmente, empataron el marcador con una anotación de tres puntos en el instante mismo en que sonó el timbre, obligando al partido a irse a tiempo extra. Aunque habían pasado horas del tiempo en que mamá acostumbraba retirarse a dormir, noté que estaba muy despierta y seguía vitoreando, y agitando su toalla roja cada vez que los Halcones anotaban. Ramie y yo nos miramos, verdaderamente impresionados por su energía.

Nuestro nuevo equipo perdió esa noche, aunque por muy poco. Sacamos a mamá en silla de ruedas entre la multitud y nos dirigimos a nuestro hotel situado a un lado del estadio;

llevábamos otro pastel que los Halcones nos habían dado durante el partido. Tuvimos que aceptar que ninguno de nosotros había tenido jamás una celebración de cumpleaños tan emocionante como ésta ni había comido tanto pastel en un solo día.

Capítulo 12. Integridad

[Tim]

Entre Stacy y yo había más de seis años de diferencia y, por lo tanto, estábamos tan separados por la edad que no hacíamos demasiadas cosas juntos, con una excepción. Nos encantaba jugar a lo que simplemente llamábamos "¡Espía!". Con el equipo de agente secreto que me habían mandado a cambio de un montón de tapas de cajas de cereal, utilizábamos un artefacto parecido a un periscopio para mirar a la vuelta de la esquina sin que nos descubrieran y colocábamos trampas de alambre en el pasillo para alertarnos de la llegada inminente de nuestros padres. "Espiar" a mamá y a papá, incluso al perro de la familia, se había convertido en una actividad regular de los fines de semana para mí y mi hermana, a finales de la década de 1960. Cuando Stacy creció y llegó a ser agente especial de alto rango en el Servicio Secreto de Estados Unidos, me gustaba bromear con ella y decirle que era gracias a nuestras travesuras de niños que ella había logrado tener esa carrera tan exitosa.

Un día, a principios de su carrera, Stacy fue asignada al equipo que protegía al expresidente Gerald Ford. Luego de esa comisión, una historia que había oído contar a mis padres toda la vida fue la misma que mi hermana también me contó. Según Stacy, se presentó al presidente "casualmente" un día que iba en su limusina blindada.

—Señor presidente —empezó muy segura de sí misma—. Soy la agente especial Stacy Bauerschmidt. Seguramente no me recuerda, pero usted ayudó a mis padres hace muchos años después de la Segunda Guerra Mundial.

Veterano de la guerra, Ford pensó en voz alta la respuesta:

—Bauerschmidt, Bauerschmidt —se quedó pensativo un momento tras las ventanas a prueba de bala de la limusina y luego dijo con total naturalidad—: claro que recuerdo a sus padres —y procedió a contar la historia que Stacy y yo habíamos oído muchas veces antes.

Corría el año de 1949. Mamá y papá habían vuelto de la guerra, estaban recién casados y vivían en un remolque de cuatro metros y medio, sin baño. La ley de readaptación del personal militar, conocida como GI Bill, permitió que los veteranos que deseaban volver a estudiar tuvieran acceso a financiamiento. Mamá quería ser artista y papá quería ser relojero, por lo que decidieron mudarse un tiempo de su ciudad natal de Toledo a Grand Rapids, Michigan, para que mamá pudiera ir al Kendall College of Art and Design.

Remolcando su casa con su Ford azul oscuro, modelo 1940, se estacionaron en un motel e iniciaron sus estudios. Sin embargo, no pasó mucho tiempo antes de que el dinero empezara a escasear, puesto que sus cheques de la pensión de veteranos no habían llegado después de la mudanza. Sentados a su pequeña mesa plegable en el remolque, vaciaron sus bolsillos y pusieron en el centro todo el dinero que tenían. El monto ascendía a tres centavos.

—No nos va alcanzar ni para una hogaza de pan —observó mamá—. Tenemos que hacer algo. ¿Qué podemos hacer?

En eso se le ocurrió una idea. Sacó su mejor papel y redactó una carta en la que explicaba su situación a Gerald Ford, su joven congresista del Quinto Distrito Electoral del Congreso de Michigan, que había resultado electo apenas unos meses antes. Durante su campaña de 1948, Ford había visitado a los electores a las puertas de sus casas y se había reunido con ellos a la salida de sus trabajos en las fábricas. Era famoso por estar muy conectado con su electorado.

Papá se mostró pesimista, pero no tenía otra idea mejor.

—Vamos a ver si este nuevo político es de verdad todo lo que dice ser —murmuró mientras depositaba la carta escrita a mano por mamá en el buzón. Gastaron sus últimos tres centavos en la estampilla.

Alrededor de diez días después, mamá y papá oyeron que llamaban a su puerta.

—¿Hola? —dijo mamá abriendo. Ahí en el motel estaba el mismísimo congresista Ford para entregarles personalmente sus cheques que tanto se habían retrasado. Ahora podían emprender la vida que habían soñado.

En el perfil de trabajo de Stacy, ella no podía darse el lujo de permitir que nadie la deslumbrara. Simplemente no. Pero el día que el presidente Ford repitió la historia que había oído contar a nuestros padres muchas veces antes, se volvió su admiradora. Con el tiempo, su relación con la familia Ford se fortaleció y en 2006, cuando el expresidente se hallaba al final de su vida, Stacy estuvo ahí con la familia y le ayudó a tomar decisiones. Una de sus responsabilidades del Servicio Secreto era supervisar la planificación de los funerales de Estado y así tuvo el honor de ofrecerle a este hombre, que había significado tanto para sus padres, un último agradecimiento.

* * *

Mis padres eran como muchos otros de su generación que se habían alistado en el ejército, habían cumplido con su deber y habían vuelto a casa, pero no sentían que el trabajo que habían realizado importara gran cosa. En el cuerpo aéreo del ejército, papá había trabajado en la oficina "ocupándose de papeles", según decía. Cuando mamá fue enfermera del grupo WAVES en el Hospital Naval de San Diego, había cuidado sobre todo a oficiales y a sus esposas, y administró cientos de inyecciones de penicilina en el corto tiempo que duró su servicio. Ambos restaron importancia a sus funciones durante la guerra, puesto que nunca habían estado en combate, como muchos otros de sus conocidos. La mayoría de las personas que conocieron a mamá y a papá a través de los años, incluso sus amigos más cercanos, nunca se enteraron de que habían servido en el ejército.

—El tema nunca salió a relucir —nos contó mamá después.

Nuestra escala en Nueva Orleans, Luisiana, para pasar el Día de Acción de Gracias del año anterior había cambiado todo eso. "Big Easy", como se le conoce a la ciudad, no sólo es la sede del Mardi Gras, de excelente comida y música en vivo, sino que también tiene como atracción el Museo Nacional de la Segunda Guerra Mundial. Habíamos leído buenas reseñas sobre el museo y mamá quería ir a verlo. La mañana que la llevamos en su silla de ruedas y entramos en el vestíbulo, había muy pocos visitantes. La joven de la taquilla preguntó si mamá era veterana de la Segunda Guerra Mundial.

—Sí, supongo que sí —respondió mamá con timidez.

—Entonces la entrada es gratis para usted, señora —anunció con entusiasmo la vendedora de boletos.

Mamá se enderezó en su silla de ruedas y aceptó esa entrada gratis con orgullo y gratitud. Luego le dieron una placa laminada rojo, blanco y azul que colgaba de un cordón, que indicaba que era veterana de la Segunda Guerra Mundial.

El personal se emocionó muchísimo cuando se enteraron de que mi madre había estado en WAVES.

—Es muy raro que nos toque conocer a una de las WAVES —nos decían al saludar a varios empleados del museo. El rumor se corrió y conforme avanzábamos por el museo, oíamos voces emocionadas.

—¿Ves a esa señora que va en silla de ruedas? ¡Estuvo en WAVES!

—¡No puedo creerlo! ¡Vaya, qué gran honor!

—¡Rara vez recibimos a alguien de WAVES!

El museo estaba planeado para dar al visitante una idea de lo que fue ir a la guerra para personas como mamá, papá, el tío Ralph y otros dieciséis millones de jóvenes estadunidenses. Después de que a todos nos entregaron chapas de identificación a imitación de las militares, abordamos un vagón de ferrocarril estacionario en el que se proyectaban películas antiguas en las ventanas para simular un transporte de tropas a un campamento de adiestramiento básico. Mamá no pudo evitar que se le viniera encima una avalancha de recuerdos. Recordó los pocos meses de adiestramiento básico en Hunter College en Nueva York antes de viajar por tren hacia el oeste, a San Diego. Casi pudimos verla reviviendo la experiencia.

Fue curioso verla cambiar de alguien que había restado importancia toda su vida a su servicio militar a alguien que era homenajeada por éste. Varias personas vieron la publicación en Facebook de nuestra visita al museo y escribieron para manifestar su gratitud a mamá.

Por casualidad, uno de los mensajes era de una exalumna de Ramie, de la época en que trabajó como consejera de educación media. Ramie sabía que Elise, que en la actualidad tenía poco más de veinte años y era suboficial naval, era una joven brillante, afable y madura. Elise le dio las gracias a mamá por haber contribuido a facilitar el camino para que otras mujeres pudieran servir a su país. Y agregó: "Si sus viajes los llevan alguna vez a la costa del Atlántico, avísenme. Tal vez podamos preparar algo especial para Norma en el portaviones *USS Gerald R. Ford*".

Cuando Ramie leyó el mensaje en voz alta, mamá enarcó las cejas en un gesto de asombro. Era evidente que había que prestar atención a esta invitación. Entonces caímos en la cuenta: Elise desconocía la relación del presidente Ford con nuestra familia, y quizá le gustaría oír la historia. Ramie le envió la versión abreviada, pero en ese momento no teníamos idea de cuáles serían nuestros planes de viaje después de pasar el invierno en Florida. Por consiguiente, agradecimos a Elise sus atenciones y le dijimos que le comunicaríamos nuestra decisión de visitarla, una vez que tuviéramos más en claro nuestros planes de viaje.

Al cabo de un tiempo se comunicó con nosotros el oficial de relaciones públicas del barco, la coordinadora de marketing del armador de barcos y, finalmente, el propio comandante. Cada uno de ellos expresó su esperanza de que pudiéramos estar a bordo del *Gerald R. Ford* para la ceremonia de dedicatoria formal a principios de abril.

—Sería maravilloso —comentó mamá. Por lo tanto, Ramie y yo empezamos a organizar nuestro programa de viaje alrededor de una escala en Newport News, Virginia, para coincidir con el acontecimiento.

Ramie se lo informó a Elise, y Elise respondió que todos estaban muy emocionados de recibirnos. En su correo electrónico dijo: "Lo único que necesitamos son copias de sus pasaportes o actas de nacimiento para solicitar una autorización de seguridad. Una vez que las otorguen, podrán abordar el barco sin ningún problema".

Se me fue el alma a los pies. Al salir de Michigan, Ramie y yo jamás imaginamos que sacaríamos a mamá del país durante esta aventura. Su pasaporte, casi vencido, estaba guardado bajo llave en una caja de seguridad en el norte de Michigan, y no teníamos forma de conseguirlo. Nos sentimos abatidos.

Respondimos con las malas noticias y pasaron varias semanas para que volviéramos a tener noticias de Elise y los demás. Era evidente que este problema de seguridad estaba obstaculizando nuestra visita. Entonces se nos ocurrió que quizá la solución era sencilla. Toda la familia Bauerschmidt había sido escudriñada por el Servicio Secreto de Estados Unidos cuando Stacy llegó a ser agente y, sin duda, debía haber algún registro de mamá que indicara que era una ciudadana respetable. Les informamos tanto a la marina como a los armadores del barco en Newport News que lo único que tenían que hacer era llamar al Servicio Secreto y todos ahí les dirían que Norma Bauerschmidt no era una espía de noventa años.

No recibimos respuesta de ninguno de ellos. Tampoco obtuvimos la autorización a tiempo para la ceremonia oficial. Estábamos en Carolina del Norte cuando una mañana entró una llamada del comandante saliente del barco que, al parecer, estaba ansioso por tener a mamá en la ceremonia de dedicación, al menos en espíritu.

Mamá estaba nerviosa y muy emocionada de que el capitán Meier quisiera hablar con ella.

—Nada menos que con ella —según dijo.

Se sentó derecha a la mesa del comedor cuando Ramie le dio el teléfono celular. Escuché su conversación con el capitán y le contó la misma historia que mi hermana y yo siempre habíamos oído de niños. Cuando terminó, agregó:

—Gerald Ford fue un hombre íntegro. Fue un buen hombre.

El encuentro fortuito de mamá y papá con el congresista novato Ford fue la base del discurso que dio el capitán Meier, una hora más tarde, cuando inauguró una estatua que representaba a Ford como un joven oficial naval. La estatua es la pieza central de un monumento conmemorativo situado en el casco del portaviones tecnológicamente más avanzado del mundo, y servirá como recordatorio constante para mantener la "integridad en el mando".

Unas semanas después, finalmente nos autorizaron abordar el barco. No nos dieron ninguna razón. No obstante, era evidente para nosotros lo que había pasado: Stacy siempre tenía el don de hacer posibles nuestras situaciones imposibles.

* * *

Durante nuestra visita al *USS Gerald R. Ford* el día estaba templado y todos dejamos nuestros abrigos en casa. Nos aseguramos de salir de nuestro campamento en Suffolk, Virginia, con tiempo suficiente para llegar puntualmente a la oficina del armador del barco y registrarnos antes de nuestro recorrido que estaba programado a la una de la tarde. Cuando cruzamos el puente que une las márgenes del río James, vimos varios barcos que estaban en construcción o que los estaban remolcando al astillero de Newport News. Uno de ellos sobresalía por su tamaño. El portaviones de trece mil millones de dólares, que dominaba el horizonte, se elevaba a más de setenta y cinco metros por encima del nivel del agua y media más de trescientos treinta y cinco metros de eslora.

Llegamos a las oficinas generales de Huntington Ingalls Industries y encontramos un lugar de estacionamiento cerca de la entrada con un letrero que decía RESERVADO PARA NORMA. Me quedé con mamá mientras Ramie buscaba a Christie,

nuestro contacto con la empresa, y a presentarle nuestras identificaciones.

—Tenemos que esperar a que venga el guardia de seguridad —cuando volvió Ramie nos explicó a mamá y a mí—. Él
es quien nos va a llevar al astillero.

Pronto, una minivan blanca, nada ostentosa, llegó y se
estacionó detrás de nuestra camioneta. Un hombre de media-
na edad que llevaba puestas unas gafas de sol Ray-Ban bajó a
saludarnos.

—Hola, soy Gerry, director de seguridad de la armadora —se presentó—. Los voy a acompañar en su recorrido de
este día.

Mientras Ramie y mamá se probaban los cascos y gafas
de seguridad que necesitábamos usar durante nuestra visita,
Gerry me sorprendió con algo muy personal.

—Conocí a su hermana, Stacy —me comentó en voz
baja—. Trabajé con ella muchos años en Washington con el
Servicio Secreto.

Yo había perdido el contacto con los amigos de Stacy en
el Servicio Secreto desde su muerte. Ahora se me presentaba
una oportunidad de hablar con alguien que había trabajado
con ella y estaba impaciente por averiguar si la había conocido bien.

—Stacy venía de visita y se quedaba con mi familia, después de que me retiré del servicio y vine a vivir aquí. Siempre
tenía que pedirle que tuviera cuidado con su forma de hablar
delante de mis pequeños —soltó una risita.

Sí, no me cabía la menor duda, había conocido muy bien
a Stacy.

Con nuestros pases de seguridad sujetos a nuestras camisas, subimos a la minivan y fuimos al histórico astillero,
que quedaba a corta distancia de ahí. Fundada en 1886 con

el nombre de Chesapeake Dry Dock and Construction Company, la actual armadora de Newport News ha construido desde entonces más de ochocientos buques navales y comerciales. La empresa no sólo fabrica y reacondiciona barcos para la marina, sino que también fabrica submarinos nucleares clase Virginia.

Gerry nos llevó por el costado del astillero de más de doscientas hectáreas antes de dar la vuelta en una de las muchas puertas de entrada. Tuvo que cronometrar nuestra llegada a la perfección, porque las instalaciones de seguridad estaban cerradas a los vehículos durante los cambios de turno, debido a la gran cantidad de trabajadores que iban y venían. El guardia armado de la reja asintió en señal de aprobación al ver nuestros pases y obtuvimos acceso. Pasamos por una mezcolanza de edificios industriales viejos y montacargas que trasladaban cajas de materiales antes de que pudiéramos ver el mar.

Como sabían que la movilidad de mi madre era limitada, nuestros anfitriones habían hecho adaptaciones para su visita. Por lo general, los trabajadores del barco, personal de la marina y otros abordaban el buque a pie. Sin embargo, cuando llegamos, Gerry se dirigió en línea recta a una larga rampa que subía hasta la cubierta del hangar del barco, que era suficientemente grande para dar cabida a setenta y cinco aviones.

Cuando la minivan se detuvo, nos recibió un grupo numeroso de fotógrafos y camarógrafos. Saludamos con la mano tímidamente a la muchedumbre congregada. La marina apenas estaba poniendo en funcionamiento al portaviones, por lo que había una combinación de personal civil de la armadora, alrededor de 1,000 trabajadores eventuales de la marina y 4,660 miembros de la tripulación de a bordo. De inmediato reconocimos el rostro radiante de Elise entre la infinidad de marineros uniformados. Luego de algunas formalidades,

Ramie compartió un abrazo rápido y una caja de chocolates con ella, antes de abordar un vehículo todoterreno para cuatro personas que nos estaba esperando para llevarnos a nuestro recorrido. Avanzamos sólo unos cien de metros, hasta el final de la bahía cavernosa, y nos detuvimos.

—Bienvenidos a bordo del *USS Gerald R. Ford* —saludó un hombre que se hallaba frente a una sección de la cubierta cercada por cuerdas. Una estatua de proporciones colosales del presidente cuyo nombre llevaba el portaviones dominaba el lugar—. Soy el capitán McCormack, comandante de este barco —su uniforme se veía igual que el de todos los demás. Mamá bajó del vehículo todoterreno y le estrechó la mano, aunque tuvo que hacer la cabeza hacia atrás para verlo a los ojos.

Un cuerpo femenil de la marina aguardaba y, una por una, sus integrantes le dieron las gracias a mamá por su servicio militar y por allanar el camino para que las mujeres pudieran servir en la marina. El personal de enfermería del barco, tanto hombres como mujeres, le rindió un tributo similar a mamá porque había sido enfermera.

Con cientos de marinos mirando, el capitán McCormack intercambió el casco de mi madre por una gorra de oficial al mando. Procedió entonces a relatar a todos la historia de nuestra relación familiar con Gerald R. Ford y cómo la ayuda que había brindado a mamá y a papá después de la guerra era un ejemplo de la integridad del expresidente. Señaló la estatua y preguntó:

—¿Qué opina? ¿Nuestra estatua lo representa con fidelidad?

—De seguro, nadie de los presentes tiene edad suficiente para recordar al señor Ford con este aspecto juvenil —repuso mamá, mientras miraba por encima del hombro la imagen de ese joven marino, fuerte y robusto, con cabello. El capitán

McCormack y yo intercambiamos una sonrisa. En efecto, pensé, la mayoría de los presentes recordábamos a Ford a los sesenta y dos años y calvo, cuando llegó a ser el trigésimo sexto presidente de Estados Unidos, después de que el presidente Richard Nixon renunció en 1974.

Una vez que concluyeron las formalidades, nos condujeron de nuevo al vehículo todoterreno que nos estaba esperando.

—Queremos llevarlos a la cubierta de vuelo —informó el capitán—. No hay forma de subir, excepto tomando uno de los ascensores.

Nos miramos unos a otros un poco confundidos. Nos imaginábamos un ascensor normal de pasajeros. Resultó que el capitán se refería a que subiríamos en uno de los tres ascensores de veintiséis por dieciséis metros que se utilizaban para mover los aviones de la bahía del hangar a la cubierta de vuelo.

—Todavía no hemos probado éste —continuó—, así que va a ser la primera vez para todos nosotros —mamá puso los ojos en blanco y sonrió. Estaba más que dispuesta a ser parte en la emocionante prueba de funcionamiento.

Muchos armadores del barco y marineros, todos ellos emocionados por ver el ascensor funcionar por primera vez, nos acompañaron. Sonó una bocina estruendosa. La plataforma se estremeció. En cuestión de segundos llegamos. Salimos del ascensor en el vehículo y nuestro conductor nos llevó a la cubierta de vuelo de más de dos hectáreas de extensión; conducía despacio para que el capitán pudiera avanzar y hablar con comodidad a nuestro lado. Nos explicó que todavía faltaban muchas cosas de terminar antes de que la marina pudiera asumir el mando total del barco, pero que la mayor parte de las obras mecánicas necesarias para lanzar aviones de combate ya funcionaban. Nos mostraron cómo la propulsión a chorro era desviada por las aletas hidráulicas que se elevaban desde la cubierta en dirección de los cuatro marineros que usaban señales de mano.

—Los hombres y mujeres que operan este barco sólo tienen diecinueve o veinte años —apuntó el capitán McCormack, al tiempo que señalaba la demostración—. Me causa un gran orgullo saber que tenemos tantos jóvenes capaces en la marina en la actualidad.

Me di cuenta de que también mamá se sintió muy orgullosa. Ella había sido una de esas jóvenes de veinte años que se presentaron a servir a su país. También comprendí que era importante que mamá viera no sólo este portaviones de última generación, sino a la siguiente estirpe de estadunidenses que estaban preparados para preservar aquello por lo que ella había peleado con orgullo setenta años antes.

A continuación, nos mostraron parte de la tecnología de punta del barco, entre la que sobresalía un nuevo sistema de catapultas. Las catapultas, que anteriormente eran propulsadas por vapor, ahora utilizaban electromagnetismo y podían propulsar a un avión a más de trescientos veinte kilómetros por hora a una distancia de casi cien metros. Seguimos la orilla de la pista de la catapulta en la cubierta hasta la proa del barco e imaginamos un escuadrón de combate despegando para la batalla.

—Tenemos capacidad para lanzar doscientos setenta aviones al día —precisó el capitán McCormack—. No podemos hacerlo con ninguna otra clase de portaviones.

Para mostrarnos cómo funcionaba el sistema, nos llevaron hasta donde habían instalado un gran monitor de televisión en cubierta para que pudiéramos ver la demostración. Mamá tuvo que sentarse en el asiento para ver la pantalla mientras un ingeniero civil preparaba el video para mostrarnos algunas de las pruebas de lanzamiento realizadas por Susan, la hija del presidente Ford, durante la ceremonia de dedicación formal del portaviones. Replicaron el peso de ciertos aviones con "trineos" grandes, semejantes a barcazas, que luego utilizaron en lugar de aviones reales para simular los lanzamientos.

—Vaya que salpican agua esas cosas —comentó mamá cuando vio la distancia a la que salían despedidos de la proa después del lanzamiento. Vimos que flotaban y ondulaban en el agua para que luego los recuperara un helicóptero.

El capitán McCormack, que había sido piloto naval, respondió todas nuestras preguntas y nos contó algunas de sus experiencias directas en el aterrizaje de aviones de combate en un portaviones en movimiento. Señaló un par de torres retráctiles en la pista, que sostenían una red gigantesca para "atrapar" a los aviones que no habían logrado enlazar con el gancho de parada al aterrizar.

—Es como estar atrapado en una enorme manopla de beisbol —comentó mamá, con lo que él coincidió.

Cuando nuestro bien planeado recorrido llegaba a su término, nos llevaron a la "isla", una gran superestructura que se elevaba casi cincuenta metros por encima de la cubierta de vuelo y servía como centro de mando de las operaciones de vuelo y del barco en general.

—¿Por qué no tomamos algunas fotografías aquí? —propuso el capitán cuando notamos que había mucha gente a nuestro alrededor, esperando.

Mamá se paró muy derecha mientras cada grupo se alineaba a su lado para aprovechar la oportunidad de tomarse una foto. Luego subimos de nuevo al vehículo todoterreno y regresamos al ascensor de la cubierta para bajar. A todos nos volvió a sorprender la rapidez con la que un ascensor de ciento veinte toneladas de peso podía moverse.

Salimos de la plataforma y volvimos a entrar en la cubierta del hangar, donde un grupo de armadores del barco, todos ellos veteranos militares, estaban formados, esperando el regreso de mamá. Cada uno tomó su turno para estrecharle la mano y proclamar en cuál división militar habían servido y por cuánto tiempo. Los años de servicio de todos sumaban más de doscientos en total. A mamá le conmovió visiblemente el gesto, miró a los ojos a cada hombre al tiempo que les estrechaba la mano con sus dos pequeñas manos.

Más tarde, de camino a la minivan que nos había llevado al barco, miembros del cuerpo de prensa naval y del departamento de relaciones públicas acorralaron a mamá con preguntas. En la cubierta del hangar el trabajo se había reanudado y el ruido era tan atronador que no podía oír las preguntas ni las respuestas de mamá.

Me agaché y apenas pude oír a un marinero que preguntó: "¿Cuál ha sido su parte favorita del viaje hasta el momento?".

Todavía me ponía un poco tenso siempre que alguien le hacía preguntas a mamá. Desde luego, la había visto lucirse en televisión nacional y sabía que ya estaba acostumbrada a que la reconocieran en la calle, pero como hijo suyo, no podía evitar preocuparme. En ocasiones, la gente esperaba mucho de ella, y yo sabía que era una persona modesta y callada. Seguí sonriendo, pero contuve la respiración a la espera de lo ella diría.

Mamá estiró el cuello para poder mirar al joven marino a los ojos y frunció un poco el entrecejo mientras meditaba en lo que le había preguntado. Dejó escapar un pequeño "Ehhh...", y luego respondió: "Tengo que decir que es aquí mismo. ¡Ésta es!".

Capítulo 13. Sabor

De Winthrop, Massachusetts, a Bar Harbor, Maine
Mayo

[Tim]

Por algún motivo, siempre me ha fascinado la comida: cómo se prepara, así como su aspecto y sabor. No me había dado cuenta de lo pequeño que era cuando este interés se despertó en mí hasta que mi madre, en nuestro viaje a través del país, le contó a todo aquel que quisiera oírla que yo jugaba a cocinar desde que tenía dos años. Al parecer, rompía papel en pedazos pequeños, los ponía en los platos de estaño de segunda mano que me habían dado y luego presentaba toda la cosa como si fuera la cena.

Cuando tenía nueve años, veía a Julia Child en la borrosa pantalla blanco y negro del pequeño televisor de mis padres. Esta mujer alta que hablaba con voz muy aguda y tenía predilección por la mantequilla me fascinaba. Su programa, *The French Chef*, era uno de los primeros programas de cocina que se transmitieron por televisión en Estados Unidos e introducía a la muchedumbre a la cocina francesa en una época en que las cenas congeladas eran el último grito de la moda. Cuando mis primos de Cleveland, Ohio, venían a visitarnos, sabían de memoria todas las estadísticas de los partidos del equipo de beisbol local, los Indians. Lo único que yo podía decirles era cómo preparar un buen omelet.

Mamá no era una estupenda cocinera (repostera, sí: sus galletas con trocitos de chocolate y sus tartas de fresa con ruibarbo sobresalían especialmente). Supongo que estaba limitada por nuestro presupuesto familiar, así como por la falta de interés de mi padre por nada que no fuera carne y papas. Los estofados eran muy populares como plato fuerte en la década de 1960, y los comíamos hasta el hartazgo. Los fideos con atún que preparaba mamá eran una de las peores cosas que recuerdo. La combinación de atún enlatado, pasta cocida, chícharos y crema de champiñones simplemente me daba ganas de vomitar. Hasta esta fecha, no puedo comer atún de lata o procesado por el trauma. Pese a ello, cocinar era un lazo entre nosotros. Siempre me daba curiosidad saber qué estaba preparando mamá en la cocina, aunque el resultado no me encantara, y cocinar fue algo que siempre compartimos desde que pude alcanzar la estufa parado en un taburete.

En mis primeros años de adolescente tuve un trabajo que consistía en cocinar para una pareja de ancianos, eso me abrió los ojos al diverso mundo culinario en general. Hacía trabajos de jardinería para ellos cuando la esposa se rompió el tobillo y no pudo cocinar por un tiempo. Debido a que sus paladares eran más sofisticados, de pronto las cebollas, el ajo, el cordero y los mariscos pasaron a formar parte de mi vida. También me llevaban de vez en cuando a cenar al restaurante elegante del club social al que pertenecían. Cuando estaba en preparatoria, amplié mis horizontes en la medida de lo posible y empecé a frecuentar algunos restaurantes chinos de la zona, la cocina más exótica que teníamos disponible en aquel entonces.

El interés por la comida me siguió durante toda la vida. Incluso durante periodos de relativa pobreza o cuando me comprometí con el vegetarianismo, a los veintitantos años, siempre podía preparar comidas con los alimentos que tenía a mi disposición, y siempre estaba ansioso por compartirlas con otros. Muchos de nosotros sólo tenemos una o dos maneras de comunicar y recibir amor. Descubrí muy pronto que la comida era mi forma de expresar amor. Pocas cosas en la vida me dan mayor placer que preparar comida para alguien; es una forma de mostrar a la gente que la amo como si fuera de la familia.

Ahora que mamá estaba viviendo conmigo en este viaje, me emocionaba la oportunidad de explorar este tipo de amor con ella. Ramie y yo también queríamos que probara todos los sabores de los que se había perdido en los noventa años anteriores que estuvo limitada por las preferencias de papá, un presupuesto apretado y la oferta regional. Antes de embarcarnos en nuestra gran aventura, decidimos tratar de comer una comida típica de cada estado que visitáramos.

En la Península Superior de Michigan probamos los pastes, una especie de empanadas de carne introducidas en la zona por los mineros de Cornualles que habían emigrado a ese lugar en el siglo xix. No hubo nada dentro de esta empanada de forma semicircular, rellena de carne molida, cebollas, papas y colinabo, que le pareciera poco atractivo a mamá.

Fue fácil pasar el estado de Wisconsin con una bolsa de "queso en grano" fresco, como se conoce a las partes sólidas de leche cuajada, y con mucha alegría le enseñamos a mamá a hacer que los pequeños bocados rechinaran en la boca al comerlos.

Ninguno de nosotros se animó a probar el *lutefisk* (bacalao seco, remojado en sosa cáustica y servido a temperatura ambiente), por lo que nos conformamos con otro clásico de Minnesota: cualquier cosa frita. Cada uno probó un sándwich frito de macarrones y queso que hasta a la menuda de mi madre dejó preocupada por su figura.

Dakota del Sur fue un poco más difícil para nosotros, en parte porque nunca habíamos oído hablar del *chislic*, antes de buscar la comida típica del estado, ni siquiera sabíamos dónde conseguirlo. "Vamos a comprar *chislic*", bromeábamos con mamá. Plato caucásico, compuesto por carne roja en cubos (por lo general de cordero, venado u otro animal salvaje) que se fríe, se le pone sal y habitualmente se come con un mondadientes. En cambio, optamos por tomar algunas cervezas artesanales de edición limitada ganadoras de premios.

Después de aventurarnos hacia Wyoming, no fue difícil convencer a mi mamá de que probara su primera hamburguesa de búfalo.

—Me gusta más que la hamburguesa común y corriente —afirmó mientras se limpiaba la salsa de tomate de la barbilla.

Nuestra aventura culinaria, estado por estado, se topó con un obstáculo al llegar a Colorado. Tanto Ramie como yo habíamos vivido ahí muchos años y estábamos muy familiarizados con su comida distintiva: las ostras de las Montañas Rocallosas. "Ostra", por supuesto, es un eufemismo; en realidad son testículos de toro fritos. Sabía que aun cuando lograra convencer a mi madre de probar uno, yo no podría seguir su ejemplo debido a mi aversión a toda clase de menudencias. Parecía que la aventura oficial de degustación de comida tendría que terminar aquí, después de sólo cinco estados.

Pero entonces me di cuenta de que lo que más iba a extrañar no era la comida en sí misma, sino sus elementos sociales y culturales. No se trataba únicamente de que mamá probara platos nuevos y diferentes, sino también de mostrarle la importancia de lo que comemos, dónde lo comemos y con quién lo comemos. Cuando me siento más vivo es cuando comparto una comida sentado a la mesa con otros. Ninguna otra criatura de este planeta consume alimentos en una mesa; es una característica propia del ser humano. Compartir una comida con otras personas siempre me recuerda que la comida es más que mero sustento y ese sentimiento era lo que yo quería compartir con mi madre. A partir de ese momento, nuestra búsqueda de comida regional cobró una nueva dimensión.

Terminamos comiendo más comida estatal clásica, como chile verde en Nuevo México, quingombó con mariscos en Luisiana y sándwiches de mero en Florida, por no mencionar el importante proyecto de investigación sobre la tarta de limón que ideamos para el Estado Soleado. Pero durante la primavera, cuando empezamos a viajar por la costa del Atlántico, las comidas típicas que probamos eran mucho más que especialidades regionales; eran experiencias de camaradería con las personas y comunidades que alguna vez habían sido extrañas. Incluso a mí me tomó desprevenido cómo una comida compartida podía conectarnos a profundidad con personas que acabábamos de conocer.

* * *

Fue imposible encontrar un campamento en Boston. El más cercano estaba en Foxborough, Massachusetts, a una distancia de unos cincuenta kilómetros del centro histórico de Boston, y ahí fue donde nos quedamos cinco días, después de haber salido de Virginia. Ramie y yo encontramos a un viejo amigo, Jeff, y a su novia, Maggie, a principios de esa semana en el Boston Commons. Entre los cuatro nos alternamos para empujar la silla de ruedas de mamá a lo largo de los cuatro kilómetros del Camino de la Libertad, que serpentea cuesta abajo y pasa por dieciséis lugares relacionados con la Guerra de Independencia de Estados Unidos. Al pasar por el barrio Little Italy de Boston, nos aseguramos de buscar un auténtico sándwich de albóndigas, y mamá no nos dejó salir de Hanover Street sin visitar Mike's Pastry para comprar sus famosos *cannoli*; le encantaban las golosinas. El resto del tiempo nos quedamos descansando en la casa rodante; mamá caminaba detrás de su silla de ruedas por los circuitos del campamento, o si no, se sentaba a leer hasta la última pila de libros que encontrábamos en la casa club del campamento.

Dos meses antes, a las afueras de Boston habíamos recibido un mensaje del sargento Danny, quien nos comentó que tenía muchos amigos que eran seguidores de la página de Facebook de Norma, y que todos querían pasar un momento a visitarnos. Nos prometieron un paseo privado en crucero por el puerto de Boston seguido de langosta y cerveza, una invitación que mamá difícilmente podía rechazar. Nos mantuvimos en contacto con el sargento Danny después de su invitación inicial, y le llamamos por teléfono a nuestra llegada para avisarle que nos íbamos a quedar en el cercano Foxborough y que estaríamos encantados con la visita, si el ofrecimiento seguía en pie.

—Genial, Tim —respondió—. ¿Qué les parece este fin de semana? Se supone que va a hacer muy buen tiempo.

—Mmm, tenemos que salir del campamento el viernes, Danny —respondí con franqueza. De hecho, todos los lugares del campamento estaban reservados para el fin de semana.

—Bueno, entonces tendrán que venir a acampar en nuestro vecindario —replicó.

Con un poco de investigación en internet averiguamos que el vecindario de Danny era un suburbio de Boston al lado del mar, situado al norte del puerto de Boston, directamente frente al Aeropuerto Internacional Logan. Situado en una península, se accede a Winthrop a través un istmo estrecho desde el oeste o cruzando un puente desde el este. Es también uno de los municipios más pequeños y más densamente poblados del estado de Massachusetts.

—No me cabe la menor duda de que va a ser todo un reto ir ahí con la casa rodante —observó Ramie cuando acercó la imagen satelital del vecindario en Google Maps—. El camino es realmente muy angosto y mira todos esos árboles que posiblemente tienen ramas bajas.

Miré la pantalla de la computadora por encima del hombro de Ramie y estuve de acuerdo con su apreciación. Sólo podía ver un lugar para estacionarse que no fuera en la calle, pero incluso ese espacio distaba mucho de tener el tamaño que necesitábamos para la casa rodante con sus extensiones. Aun así, estaba dispuesto a correr el riesgo.

—Vamos a intentarlo, Ramie —propuse—. Creo que podremos encontrar lugar en alguna parte si nos esforzamos.

Cuando salimos del puente en Winthrop, comprendimos que nuestras preocupaciones habían sido infundadas. Danny había movilizado a todo el vecindario con la precisión y sigilo de una operación del equipo de tácticas especiales swat, a fin de tener todo preparado para nuestra llegada. Su amigo Louie nos ofreció un lugar para estacionarnos en la entrada de su casa, una zona plana y abierta en la que la casa rodante cupo a la perfección. Obteníamos agua y electricidad de su vecina Janet.

—Mi puerta está abierta para ustedes día y noche —nos dijo—. Pueden venir a ducharse o pasar a descansar un rato.

Temeroso de que se corriera el rumor sobre nuestro paradero y eso diera lugar a la histeria de los medios de comunicación, Danny nos informó que sólo les había contado a unas cuantas personas clave a quién festejarían ese fin de semana. Había persuadido a Sheryl, la esposa de su buen amigo Scotty, de que preparara la cena de nuestra primera noche, pero había obligado a Scotty a mantener en secreto el verdadero motivo de la celebración. Lo único que Sheryl sabía era que alguien importante iba a visitarlos y ella debía preparar uno de sus famosos festines italianos.

¡Vaya fiesta que nos ofrecieron! Mamá se sentó en la cabecera de una mesa grande a la que normalmente se sentaban doce personas, pero esa noche había muchas más. Casi no había espacio suficiente para un plato grande en el perímetro de la mesa, porque en el centro había demasiada comida. Había platones de *manicotti*, albóndigas gigantes, pasta, lomo de cerdo a la parrilla, camarones y numerosas fuentes de verduras. Los platones se reabastecían rápido y con frecuencia ante nuestros ojos. Un *trifle* que era tres veces el tamaño de la cabeza de mi mamá apareció como postre. Había un grupo grande de personas vinculadas a esta fastuosa comida. Amigos, vecinos, familiares, el ayudante del fiscal de distrito de Boston y un senador estatal, todos acudieron a acompañarnos y a compartir la comida y la conversación esa noche.

Al día siguiente, todavía con el estómago y el corazón satisfechos, llevamos a mamá en su silla de ruedas por el vecindario rumbo a la casa con vista al mar de Chuck y Nancy. Algunos de nuestros nuevos amigos de la noche anterior caminaron con nosotros porque tenían la intención de acompañarnos a nuestro recorrido por el puerto de Boston. En la casa, nos invitaron a ir a la parte posterior, donde vimos un muelle largo que conducía al yate de catorce metros de eslora de Chuck, llamado *My Girls*. Nuestro anfitrión nos dio una calurosísima bienvenida, pero se disculpó de inmediato por tener que dejarnos para ir a atender un trabajo (era dueño de una empresa grande de servicio de banquetes en el sur de Boston). Antes de marcharse, nos presentó a dos amigos a los que había pedido que pilotearan su barco: Gary, el dueño de una tienda cercana de equipo marino, y Lou; ambos eran marineros expertos. De hecho, Lou era también uno de los capitanes del Winthrop Ferry. Estábamos seguros de que nos hallábamos en buenas manos.

Cuando llegó la hora de abordar, me di cuenta de que se requeriría un esfuerzo extra para llevar a mamá hasta la cabina del timón. Mientras yo flanqueaba el lado izquierdo, Danny colocó las manos en la cintura de mamá y la sujetó con firmeza para subirla los cuatro peldaños hasta la cubierta del barco. Scotty, que se colocó frente a mamá muy cerca del penúltimo escalón, la sujetó con fuerza para pasar del otro lado.

Era un día bello y soleado. Pasamos un rato en la cubierta charlando con nuevos amigos y admirando la vista del puerto de Boston. Cuando regresamos a tierra al cabo de tres horas, nos detuvimos un momento en el extremo de una pista del aeropuerto mientras los jets descendían y pasaban a unos metros de la cubierta del yate para aterrizar en medio del estruendo en el Aeropuerto Internacional Logan. Agitamos la mano para saludar a los pasajeros que podíamos ver con claridad por las ventanillas del avión.

Asoleados y radiantes por los acontecimientos de las últimas veinticuatro horas, volvimos a la casa rodante para descansar un rato y luego llegó la hora de la langosta prometida. Acompañamos a Danny a Belle Isle Seafood, un restaurante distinguido de la zona desde hacía muchos años. Cuando crucé con mamá la puerta, de inmediato nos saludó una casa llena de personas que habían ido a expresar sus buenos deseos, incluso niños que sostenían letreros hechos a mano que decían BIENVENIDA A BOSTON, NORMA.

Jimmy, el dueño, cocinó al vapor su langosta más grande para mamá, luego él y Danny se colocaron a su lado, le ataron al cuello un babero de plástico que tenía estampada una langosta de color rojo brillante, mientras su rostro irradiaba felicidad. Estos dos hombres adultos se sentaron a cada lado de mi diminuta madre y la ayudaron a comer la langosta más grande que había visto en su vida: rompieron el caparazón, extrajeron la carne y le pasaron los trozos para que le fuera más fácil comerlos. Aunque la mantequilla derretida le escurría hasta los codos, me miró, esbozó una sonrisa grasosa y simplemente dijo: "¡Qué rico!".

Después de terminar la langosta, vi que se sentía satisfecha y tranquila, conversando con unas jóvenes, por lo que me permití enfrascarme en una conversación con Jimmy. Durante casi una hora completa hablamos de nuestras madres, de la vida y la muerte y todo lo que ocurre en el ínterin, cosas muy personales para dos hombres que acababan de conocerse.

—En los diez años que llevo de conocerlo, nunca he sostenido una conversación así de larga con Jimmy —me confesó Danny después.

Busqué a Jimmy cuando estábamos por marcharnos y me dijeron que se había retirado a la cocina con los ojos humedecidos por las lágrimas. Le pregunté a su esposa, Stephanie, si podía salir a despedirse de nosotros, pero ella negó en silencio con un movimiento de cabeza.

—Es demasiado emotivo para darles la cara cuando se vayan —explicó—. No quiere despedirse.

El día siguiente era domingo, y eso significaba que había llegado la hora de continuar nuestro camino hacia el norte. Queríamos evitar el tránsito pesado de Boston que sabíamos que comenzaría de nuevo el siguiente día hábil. Mientras asegurábamos todo en la casa rodante, pensé en las personas que habíamos conocido durante nuestra corta estancia. Pero, sobre todo, pensé en la comida, la fiesta italiana, la langosta. Además de darnos electricidad y agua, Janet también había preparado un desayuno buffet las dos mañanas, además del almuerzo. Reflexioné en lo fácil y sin esfuerzo que había sido compartir mis sentimientos más profundos con personas a las que acababa de conocer unas horas antes y en la sinceridad con que habían respondido a esa apertura.

El día que nos íbamos, Janet se disculpó por tener que "salir a hacer algunos encargos", pero sin que nosotros lo supiéramos, fue a la comisaría de Winthrop a pedir una escolta de policía que nos acompañara hasta la salida del lugar. Dos patrullas llegaron poco después e hicieron precisamente eso.

Listos para partir, todos nos despedimos en medio de lágrimas. Ringo plantó las patas en el suelo, no estaba dispuesto a dejar a su nuevo amigo Lou e irse con nosotros a la casa rodante. Con luces destellantes y ruidos de sirena en las intersecciones, nos guiaron por las calles más estrechas de Winthrop hasta la orilla de la ciudad. Cuando detuvimos la casa rodante en los límites de la ciudad, un oficial se acercó a decirnos que habíamos llegado al final de su jurisdicción y que, por lo tanto, tendrían que dejarnos. Me incliné por la ventana del lado del conductor para estrecharle la mano.

—Gracias por hacer lo que están haciendo —dijo, mientras las lágrimas le escurrían a raudales por la cara, renuente a soltar mi mano.

* * *

De Winthrop, viajamos al Parque Nacional Acadia en Maine, que era el punto más al norte de nuestro viaje por la costa del

Atlántico. Seguíamos viendo atisbos de la primavera: los árboles empezaban a retoñar y a echar hojas y algunas flores en capullo comenzaban a abrirse discretamente. Era ideal estar ahí en ese momento, ya que las multitudes de vacacionistas no llegarían sino hasta dentro de unas semanas. Hacíamos excursiones todos los días al parque desde nuestro campamento con vista al mar en el extremo occidental de Mount Desert Island, y disfrutábamos de la soledad del lugar, tras un fin de semana tan ajetreado con el sargento Danny y el resto de la comunidad de Winthrop.

Una mañana hacia el final de nuestra estancia en la isla, recibimos un mensaje de la página El viaje de Norma de alguien llamada Lisa que me llamó la atención: "El año pasado le diagnosticaron cáncer a mi padre. Leí *Ser mortal*, y encontré su diario. Estoy convencida de que descubrí todo eso en ese preciso orden por una razón. Trabajo en Friends of Acadia (nuestra oficina está en el centro de Bar Harbor) y los he seguido con alegría desde hace algún tiempo. Me encantaría conocerlos antes de que se vayan. Hay un lugar donde hacen unos excelentes panqueques en Cottage Street en Bar Harbor. Puedo estar ahí a las 8 de la mañana. ¿Tienen tiempo?".

Vi mi reloj, era demasiado tarde para reunirnos con Lisa a desayunar panqueques. Sin embargo, ya habíamos planeado otra visita al Parque Nacional Acadia ese día y nuestra ruta nos llevaría a cruzar el encantador pueblo de Bar Harbor.

—Esta mujer me agrada —le dije a Ramie—. Trabaja para Friends of Acadia, una organización de conservación sin fines de lucro. Deberíamos tratar de reunirnos con ella hoy.

—¿Por qué no vamos a verla a su trabajo después de la visita al parque? —sugirió Ramie—. ¡Le daremos una sorpresa!

Envalentonados por nuestras experiencias colectivas con extraños, a esas alturas ya teníamos mucha práctica en seguir nuestros instintos cuando se trataba de conocer nuevas personas. A veces hacíamos hasta lo imposible por conocerlas. Hoy sería uno de esos días.

No mucho después de haber leído el mensaje de Lisa, estacioné la camioneta a una calle de las oficinas generales de la organización. Mamá y yo esperamos mientras Ramie entraba corriendo a ver si Lisa estaba ahí. Ramie volvió en un momento y nos dijo que no estaba.

—Sus compañeros de trabajo dicen que está haciendo tai chi en la YMCA —nos informó Ramie—. Vamos a buscarla.

Mamá y yo nos quedamos afuera del centro recreativo de un solo piso, situado al otro lado del pueblo, mientras Ramie entraba a preguntar por las clases de tai chi. Por casualidad, la clase de Lisa estaba empezando frente a una ventana que daba hacia nosotros, y cuando Lisa estaba en medio de una postura, alcanzó a ver que estábamos en la calle. Una enorme sonrisa de reconocimiento iluminó su rostro; salió corriendo del edificio y fue directamente hacia mamá.

—¿Cómo me encontraron? —preguntó.

Le contamos de nuestro trabajo detectivesco y conversamos un rato hasta que Lisa se dio cuenta de que tenía que prepararse para volver al trabajo. Como no deseaba que nuestra conversación terminara ahí, añadió:

—¿Por qué no van a casa esta noche a cenar conmigo y mi familia? ¿Les gusta el estofado de mariscos?

No dijimos nada entre nosotros; no era necesario. Dirigí a mamá y a Ramie una mirada rápida y luego respondí:

—Nos encanta el estofado de mariscos. ¿A qué hora quieres que lleguemos?

Lisa, su esposo Bob y su hija pequeña, Grace, vivían en una parte de la isla a la que no iban los turistas. Casi nos perdemos cuando nos adentramos en la espesura del bosque antes de salir a un pequeño claro que era apenas un poco más grande que su casa de tres pisos, construida a mano. Admiramos el elegante domo del techo y estábamos fascinados incluso antes de entrar en la encantadora casa.

Una vez dentro, nos recibió el aroma a levadura del pan recién horneado. Las verduras del guisado ya estaban peladas e hirviendo en la estufa, y una fuente de mariscos frescos esperaba a que los incorporaran a la olla. En la mesa de la cocina, Ramie y mamá le contaron a Bob algunas historias de nuestras aventuras, mientras tanto, en la otra habitación, Grace jugaba con Ringo.

Yo hice lo que siempre hago: me dirigí a la estufa. Mientras trataba de ayudar, Lisa se sinceró conmigo y me contó de la lucha de su padre contra el mesotelioma y cómo le estaba afectando a ella. Ahí en medio de la cocina, entre el ruido de los cuchillos cortando los ingredientes de la ensalada en las tablas de cocina, el estofado hirviendo a fuego lento y las voces relajadas que flotaban por la casa, Lisa y yo compartimos muchas historias. Pronto compartimos lágrimas y abrazos también, ya que los dos nos conectamos con nuestros sentimientos sobre las crisis de salud de nuestros respectivos padres. Lisa me dijo que le habría gustado que su padre estuviera en condiciones de hacer un viaje como mi mamá, pero, tristemente, no era así. Sin embargo, ella trataba de visitarlo tan seguido como le era posible para crear algunos recuerdos positivos del final de su vida.

Nos quedamos en casa de Lisa mucho tiempo después de la cena, ya que no queríamos que la risa y el amor terminaran. Era claro que Grace, de seis años, todavía tenía energía para mucho más desde que desapareció en el piso de arriba. Cuando regresó, traía a su gato empapado.

—Tome, Norma, acabo de bañar a mi gatito. ¡Ahora lo puede abrazar! —explicó mientras intentaba poner al gato en el regazo de mamá. Todos en la habitación estallamos de risa. Se sentía muy bien compartir momentos tan comunes con personas que apenas conocíamos.

Finalmente, mamá empezó a bostezar y comprendí que había llegado el momento de retirarnos. Cuando nos despedimos, Lisa y yo nos prometimos que nos mantendríamos en contacto.

Un silencio apacible se apoderó de nosotros cuando cruzamos el bosque para salir a la carretera de asfalto que a la larga nos condujo de regreso al campamento. Ramie iba encogida en el asiento del pasajero y, por el espejo retrovisor vi a mamá y a Ringo acurrucados en la parte posterior. Me sentí pleno: de buena comida en el cuerpo y de mucho amor en el corazón.

Mientras conducía, recordé las numerosas comidas que habíamos saboreado en el sur y en la costa del Atlántico. Me reí para mis adentros al acordarme de mamá cuando probó los ostiones crudos en Nueva Orleans en noviembre. Al principio nos había dado su típica respuesta cuando le propusimos la idea en el Felix's Restaurant and Oyster Bar: "Ah, no estoy muy segura de eso". Pero de todos modos los ordenamos en varios estilos: algunos crudos, otros a la parrilla y otros más a la Rockefeller.

Cuando los llevaron a la mesa, mamá aceptó a regañadientes probar uno de cada uno. Comió sin problema los que estaban cocidos, pero cuando tuvo que probar el ostión crudo, la vimos titubear.

—Mmm, no estoy segura —repitió mientras miraba fijamente la masa gris que ocupaba la mitad de la concha. Entonces, con un destello en los ojos, decidió comerlo sin pensarlo más, mientras nuestra mesera estaba ocupada cerca de nuestra mesa. Mamá echó la cabeza hacia atrás e introdujo el ostión en la boca; hizo una mueca al sentir su textura babosa.

Pese a todo, se mantuvo firme, lo deglutió y dijo—: no estuvo tan mal.

La mesera se acercó, como bailando vals, y comentó con su marcado acento sureño:

—Cariño, eres mucho más valiente que yo. Trabajo aquí desde hace dieciocho años y nunca he probado uno de ésos.

Mamá se alegró y comió otro.

Seguí conduciendo hacia nuestro campamento; los caminos estaban casi desiertos a esa hora y el cielo se estaba poniendo cada vez más oscuro. Pensé también en la vez que comimos en North Beach Bar & Grill en Tybee Island, en una recomendación de un seguidor de Facebook que nos alentó a visitar a "Big George". Evoqué la imagen del restaurante colorido en una palapa en la playa. También recordé el sonido del viento que soplaba entre las palmeras junto a la terraza exterior que daba a la playa de arena blanca donde el río Savannah se une al océano Atlántico.

Mientras esperábamos nuestras bebidas, notamos que un hombre africano calvo, muy sonriente, que llevaba puesta una gorra de beisbol, se levantó de donde estaba sentado a una mesa cerca de la puerta de la cocina. Debe de ser Big George, pensé. Medía por lo menos uno ochenta de estatura y era de proporciones igualmente grandes, vestía pantalones de mezclilla y una camisa polo de colores rojo, blanco y azul con el logotipo de Ralph Lauren. El grandulón caminó por el piso de madera sin pulir y se sentó a nuestra mesa al lado de mamá. El cuerpo entero de mi madre cabía en la curva del brazo enorme que le pasó por los hombros.

—Bueno, usted debe de ser Norma —comenzó con una voz sureña suave que no correspondía a su tamaño—. Acabo de leer todo sobre usted.

Mamá se sonrojó y asintió con la cabeza.

—Vaya, pues sí, yo soy —respondió.

—Los muchachos y yo estábamos viendo su página de Facebook —añadió—. Usted sí que sabe pasearse.

En seguida, Big George pasó a explicarnos por qué había tantos "muchachos" y ninguna mujer atendiendo las mesas de su popular bar y restaurante: prefería contratar jóvenes que pasaban por una mala racha. Big George no sólo les daba empleo a estos chicos, sino que también los guiaba y les brindaba amor y respeto; era como una especie de padre adoptivo para ellos. Mamá se identificó con eso. Me di cuenta de que le agradó al instante por la forma en que se apoyó cómodamente en su brazo.

En el transcurso de la comida, Big George regresó a nuestra mesa a sentarse de nuevo con nosotros; charló y bromeó con mamá, nos preguntó si la comida nos había gustado y luego nos recomendó que, de postre, tomáramos el pastel de chocolate y caramelo hecho en casa. Al final de la velada, nos reíamos juntos como si fuéramos viejos amigos. Insistió en pagar nuestra cuenta y nos invitó a ir a verlo antes de marcharnos de Tybee Island.

En ese momento, casi de regreso en la casa rodante, empecé a recordar los rostros de todos con los que había llorado durante nuestra estancia en la costa del Atlántico, personas a las que acababa de conocer. Pero con la mesa puesta y abundante comida para compartir, todos nos habíamos sentido suficientemente seguros para profundizar en las cosas importantes: la muerte, la familia, el significado de la vida. Charlas sobre cómo darles a nuestros padres un buen final de la vida, qué se sentía cuidar de nuestros seres queridos que estaban enfermos o habían envejecido, el miedo enorme a hablar sobre la muerte y a enfrentarnos con nuestra fragilidad como seres humanos. No había importado si visitábamos a toda una

comunidad o a una sola familia; había encontrado estas conexiones auténticas y solidarias en las mesas del comedor o la
cocina rebosantes de comida.

Volví a mirar por el espejo retrovisor y vi que mamá estaba profundamente dormida y que Ringo tenía la cabeza en
su regazo e iba dormido también. Habían transcurrido muchos años desde que le preparé aquellas cenas imaginarias
con papel picado y desde que necesité un banco para trabajar
a su lado en la estufa. Toda mi vida había querido expresar mi
amor por los demás por medio de la comida. No tenía idea de
cuánto amor me devolverían, y a mi madre, en la cocina.

Capítulo 14. Equilibrio

Pasamos la primavera comiendo durante todo el camino a través del noroeste del país, y luego nos dirigimos hacia el oeste de Pennsylvania hasta llegar a mi casa de la infancia y los lugares que solía frecuentar de niña a tiempo para el principio del verano. Habíamos programado esta escala desde hacía mucho tiempo y nos trasladamos en la casa rodante en esta dirección para participar en un acontecimiento muy feliz: mi mejor amiga de la infancia se iba a casar.

Era la amiga que nos había reunido, cuando éramos adolescentes, la víspera del Año Nuevo de 1982 para tener una fiesta de *break-dance* en la cocina de sus padres; la que me había confesado con nerviosismo, hace más de veinte años, lo que yo ya sabía desde hacía mucho tiempo: que era lesbiana; la que se había asegurado de que nos entregaran regalos espectaculares en un campamento remoto en el desierto de California el día que cumplí cincuenta años; y la que había estado del otro lado del teléfono durante esta extraordinaria travesía que llamábamos "El viaje de Norma".

Me sentía feliz de que me hubieran hecho el honor de pedirme que oficiara la boda de Patti y April. Y así, cuando el 18 de junio estaba próximo, nos instalamos en el campamento Bear Run y pasamos algunas semanas preparándonos para el gran acontecimiento. El regalo de Tim para las novias fue el banquete de la recepción; el mío fue hacer todo lo posible por apoyarlas en esa emocionante etapa, aliviar el estrés y, finalmente, facilitar una bella ceremonia.

Hasta junio habíamos disfrutado de un viaje de cuento de hadas. Norma se había mostrado dispuesta a probar casi todo lo que se nos había presentado en el camino y parecía que su salud había mejorado, en vez de empeorar. Sus medicamentos estaban bajo control y su nivel de energía seguía siendo alto. Había aumentado constantemente de peso a causa de toda esa deliciosa comida que habíamos explorado juntos y tenía las mejillas sonrosadas por el tiempo que habíamos pasado al sol. Seguía siendo una alegría estar con ella. Teníamos algunos altibajos, desde luego, pero la conmoción que nos había estremecido en Presque Isle hacía casi un año parecía estar a años luz de nosotros. Con mucha frecuencia las cosas salían precisamente como las queríamos. Estábamos en control, o eso creíamos.

Una semana antes de la boda, Norma, Tim y yo regresamos a la casa rodante después de pasar un día divertido con Patti en el que disfrutamos de una comida deliciosa en el Strip District y nos subimos al funicular hacia el mirador del Monte Washington desde donde se observa el centro de Pittsburgh. Abrimos la puerta y nos dimos cuenta en seguida de que nuestro dulce poodle no se sentía bien. Pensamos que tal vez Ringo tenía atorado algo en la garganta, pero cuanto más lo observábamos, tanto más evidente se hacía que algo muy serio estaba pasando. Hizo caso omiso de sus golosinas favoritas y trató de regurgitar infructuosamente. Tenía la cabeza pesada y los ojos desenfocados.

Buscamos de inmediato en Google "veterinario de emergencia cerca de mí" y después Tim y yo partimos en la camioneta para recorrer el trayecto de veinte minutos más largo de nuestras vidas. Norma se quedó en la casa rodante. Salimos tan deprisa que ni siquiera nos dimos el tiempo suficiente para informarle qué estaba pasando. Nos inquietaba dejarla sola, pero nuestra preocupación estaba totalmente concentrada en Ringo.

Le tomaron unas radiografías que revelaron que el estómago de Ringo se había torcido y se estaba hinchando.

—Está a punto de morir —nos dijo sin rodeos la doctora Wilson—. Su única esperanza es operarlo de inmediato —habló en tono poco esperanzador, como si en el pasado hubiera pecado de optimista.

El personal de la veterinaria nos hizo a Tim y a mí muchas de las preguntas que habíamos analizado con Norma en los últimos meses: "Si entra en paro cardiaco, ¿desean que le apliquemos reanimación cardiopulmonar?". "¿Cuánto están dispuestos a gastar en el tratamiento?" "¿Quieren que lo crememos si no podemos salvarlo?" Fue un proceso muy penoso. Eran las mismas cuestiones sobre la vida y la muerte que habíamos eludido tanto tiempo con Norma y, aunque nos habíamos tardado en abordarlas de frente, por lo menos habíamos tenido algún tiempo para pensar en ellas. Pero en este caso, nos estaban planteando de manera rápida e inesperada dichas preguntas sobre nuestro Ringo.

Sin embargo, me sorprendió darme cuenta de que todas nuestras respuestas en relación con él no eran exactamente iguales a las que se referían a Norma. Ringo era parte de nuestra familia: nuestro estabilizador, nuestro perro terapéutico cuando era imposible que nadie más entendiera. No podía morir. No ahora.

—Ay, Dios mío —fue todo lo que pude musitar por la opresión que sentía en el pecho.

Una joven técnica de la veterinaria entró con un desglose de dos páginas de los costos de la operación que podrían salvarle la vida a Ringo. Comenzó a leer desde el principio, una larga lista de cosas que casi no escuchábamos ni asimilábamos. Tim debe de haberse sentido igual.

—Sólo dígame el total —la interrumpió—. El tiempo apremia —era mucho dinero y no nos ofrecían ninguna garantía. De todos modos firmamos, ya que nos sentíamos incapaces de imaginar la vida sin Ringo.

Tim llevaba en el bolsillo un cheque sin cobrar. Había heredado un automóvil de su hermana ocho años antes y, en el espíritu de reducir nuestros gastos, lo habíamos vendido hacía poco tiempo. Era por la cantidad exacta del presupuesto. Una vez más tuvimos la plena certeza de que Stacy había encontrado la forma de asegurarse de que no nos faltara nada.

Prepararon a Ringo para la operación con una intravenosa en la pata delantera izquierda, él agitó la cola cuando le dimos las buenas noches y tal vez el último adiós.

De regreso en el automóvil, miré a Tim cuando introdujo la llave en la marcha. Tenía los ojos enrojecidos e hinchados. Los míos debían estar igual, pensé. El estómago me dio un vuelco y me temblaban las manos. Pensé que iba a vomitar. Tim difícilmente pudo conducir de vuelta al campamento por las lágrimas que le nublaban la vista. Estábamos desconsolados.

Entramos en la casa rodante y dimos rienda suelta a los sollozos en cuanto nos dejamos caer en el sofá al lado de donde Norma estaba sentada. Nunca la habíamos dejado sola sin darle una explicación, pero a nuestro regreso la encontramos tan campante como si nada y actuaba como si nunca nos hubiéramos ido. De hecho, estaba más tranquila que nosotros. Tim le contó despacio la terrible situación, por partes a la vez, ya que la voz se le quebraba al narrar los detalles.

—El panorama no pinta nada bien, mamá —concluyó—. Pero no tenemos idea de lo que sucederá —y empezó a llorar de nuevo.

Estiró la mano para tomar la mía y nos quedamos ahí sentados, inconsolables y deshechos.

—*Escuchen* —dijo Norma.

El sonido de su voz me sorprendió, dejé de llorar y la miré con curiosidad. Su voz era fuerte y firme, pero sin gritar. Miré a Tim, que parecía estar más sorprendido que yo, y luego a la mujer súbitamente dominante que tenía frente a mí.

—Tienen que ser positivos —exigió—. Ringo necesita que sean optimistas y que sepan que va a estar bien. De lo contrario, no le harán ningún bien.

Eran mucho más de las nueve de la noche cuando llevamos a Norma en silencio a acostarse sin nuestros cantos y bailes acostumbrados. Inspirados por la fuerza de su convicción, tratamos de recobrar la compostura. No había forma de que nos quedáramos dormidos antes de recibir noticias del hospital veterinario. Las tres horas de agitación nerviosa terminaron cuando mi teléfono sonó.

—Ya operé a Ringo y les tengo buenas noticias —explicó la doctora Wilson—. El bazo no sufrió ningún daño. Lo trajeron justo a tiempo.

Tim y yo nos esforzamos por entender lo que la doctora Wilson nos estaba diciendo por la conexión entrecortada y apretamos las mejillas al teléfono celular. Nuestras lágrimas se mezclaron mientras corrían a raudales y humedecían la alfombra del piso.

—Entonces, ¿se va a recuperar? —pregunté esperanzada.

—Todavía no está fuera de peligro —advirtió ella—. El estómago y los órganos se ven bien, pero nunca se sabe cómo reaccionarán estos perros grandes al salir de la anestesia. Por el momento, la falta de novedades es buena noticia. Vayan a dormir un poco. No les llamaré sino hasta mañana, a menos que surja una complicación. Sólo quería avisarles cómo está Ringo en este momento —la cirujana sonaba cansada y segura de sí misma, aunque seguía evitando darnos falsas esperanzas.

Debimos de haber estado conteniendo la respiración, porque en cuanto concluyó la llamada, ambos exhalamos con fuerza.

Sin dormir y con abundantes plegarias afirmativas, el tiempo transcurrió. La llamada de la mañana fue para darnos buenas noticias. Ringo había sobrevivido a la operación y se estaba recuperando bien.

—Todavía tenemos que vigilarlo un par de días más, pero pueden venir a visitarlo si quieren —nos dijo la recepcionista.

—Estaremos ahí en treinta minutos —aseguró Tim.

Sentimos una oleada de alivio cuando Ringo entró cojeando a la sala de visitas, todavía dopado y confundido. Acariciamos con delicadeza su pelaje suave y lo abrazamos. Lo cerca que había estado Ringo de morir fue como una llamada de advertencia. Fue entonces que nos dimos cuenta de que, después de todo, no éramos inmunes a que nos ocurrieran cosas malas.

* * *

La siguiente semana fue difícil para todos nosotros. A Ringo no le gustó el alimento especial para perros que le recetó la veterinaria, por lo que Tim empezó a preparar un estofado casero especial para perros, además de toda nuestra comida. Teníamos que hacer malabares para cumplir la rutina de darle las medicinas a Ringo cuatro veces al día, atender las necesidades de Norma y luego las nuestras.

El día de la boda me desperté temprano para ir a fotografiar a las novias a la luz dorada de la mañana. Era un día perfecto de principios de verano: soleado y tibio, pero no hacía calor, no había una sola nube en el cielo, ni siquiera un atisbo de lluvia, precisamente como toda novia sueña que sea el día de su boda. Éramos sólo nosotras tres, riendo, divirtiéndonos de lo lindo y creando recuerdos que ojalá duraran toda la vida.

Después de la toma de fotografías, volví al campamento a tiempo para ayudar a Norma con su rutina matutina, cruzándome rápidamente en el camino con Tim que también andaba apurado para tener listo el buffet para ciento veinte invitados entusiastas. Lo habíamos planeado de tal modo que tanto Norma como Ringo recibieran la atención que necesitaban sin trastornos.

Norma había elegido el traje que se pondría para la boda con mucha anticipación y tardó un rato más que de costumbre en salir de su dormitorio, vestida y lista para partir, incluso con un toque de lápiz labial rosado para la ocasión especial. No obstante, algo parecía diferente. Su afecto era plano. Su característica sonrisa se había esfumado de su rostro; algo parecido a una mueca de dolor la había reemplazado.

—¿Cómo estás esta bella mañana? —pregunté, tratando de disimular la preocupación en la voz.

Bajó la mirada.

—No me siento muy bien hoy —repuso.

Esto era algo nuevo. En los diez meses que habíamos viajado con ella, no la había visto así de desanimada.

También le faltaba el aire, dijo. Además, tenía un dolor desconocido en el estómago. Se veía asustada. ¿Era el cáncer que estaba oprimiendo algo y causando molestias? ¿Era el corazón que estaba fallando? ¿La enfermedad se había propagado a los pulmones? Era difícil de decir, pero el cambio era palpable. No estaba cómoda, se sentía asustada y, como siempre, no quería ser una carga.

Con todo, no pude evitar pensar con egoísmo: "¡No me salgas con esto ahora! Hoy es el día que hemos estado planeando durante meses. Hoy es cuando tengo que estar presente con mis amigas. Superamos la crisis de Ringo, ¿y ahora esto?". Estaba cansada. Todos lo estábamos.

Entonces me pregunté si en secreto tendría algún recelo contra las bodas entre personas homosexuales que no había revelado hasta este momento. Tal vez era tan tímida que una manifestación física de la enfermedad era lo único que se le había ocurrido para salir de esta incómoda situación social. ¿O estaría enferma en realidad? ¿Quizás a punto de morir? ¿Qué debía hacer?

Necesitábamos hablarlo a fondo.

—Vamos a sentarnos juntas un momento, Norma —invité—. ¿Te incomoda ir a la boda de dos mujeres? —pregunté.

—Por supuesto que no. Estoy feliz por las muchachas —respondió—. Es sólo que hoy no me siento bien.

Le advertí que no estaba dispuesta a dejarla sola en la casa rodante todo el día y parte de la noche. Aceptó ir a la casa y quedarse adentro, dado que el festejo nupcial iba a ser en exteriores. Las dos comprendíamos que no era lo ideal, pero para no cancelar la boda era nuestra única opción. Faltaban sólo seis horas para que las novias se dieran el "sí".

Ayudé a Ringo a bajar de la casa rodante por una rampa prestada y a subir a la minivan de mi madre, cuidando de no rasgar sus delicadas suturas. Norma venía enseguida. La tomé de la mano para ayudarla a bajar los cinco peldaños, la senté en su silla y la conduje al automóvil, la instalé en el asiento delantero y luego guardé tanto la rampa como la silla de ruedas en la parte posterior de la camioneta. Dieciséis kilómetros después, invertí el procedimiento y dejé bien instalados a mis dos pacientes en el momento en que empezaban a llegar los invitados a la boda para degustar los aperitivos y bebidas.

La ceremonia se celebró bajo un viejo roble, de bella simetría, en el extremo de la finca rural de Patti y April. Paneles de vidrio de colores colgaban de las fuertes ramas del árbol, mismos que transformaron a la Madre Naturaleza en una catedral deslumbrante. Los invitados fueron llegando poco a poco y cada uno encontró su lugar en las pacas de heno cubiertas por edredones. El amor y la celebración eran abrumadores cuando mis amigas caminaron por el campo hasta el árbol, donde yo estaba. Por algún motivo, este momento nos pareció intensamente significativo: ninguno de nosotros había participado antes en una boda gay hasta entonces.

Posteriormente oímos hablar una y otra vez de lo encantadora que había sido la boda. Algunos comentaron que nunca habían experimentado una ceremonia tan sincera, personal y auténtica que reflejara las personalidades de la pareja de manera tan apropiada. "¡Hoy celebramos el amor!", exclamó uno de los invitados. "Ramie, diste en el clavo", observó otro. Nadie se enteró de que yo estaba hecha un desastre y me sentía frustrada porque Norma no había tenido energía para presenciar este bello acontecimiento y preocupada porque algo verdaderamente malo le estuviera ocurriendo. Hubiera querido que ella se esforzara a sentarse bajo ese magnífico roble a celebrar el amor. A fin de cuentas, todo nuestro viaje hasta ese momento había tratado del amor.

En vez de ello, según nos enteramos después, su corazón estaba fallando.

* * *

—No quiero ver a ningún doctor —repitió Norma al día siguiente de la boda. Estábamos sentados afuera de la casa rodante; una brisa tibia de verano refrescaba el aire y nosotros nos esforzábamos por convencerla de que necesitaba ir al hospital. Por lo general, respetábamos sus deseos, pero su salud parecía tan frágil que no podíamos soportarlo más. Había una delgada línea en nuestras mentes entre rechazar la comunidad médica y el sufrimiento innecesario. Tenía las piernas hinchadas de la rodilla para abajo y le costaba trabajo respirar. Tim y yo nos dábamos cuenta de que se estaba ahogando poco a poco en sus propios líquidos.

—Tal vez haya algo que te pueda hacer sentir mejor —insistí—. Por lo menos, vamos a que diagnostiquen el problema. No permitiremos que los médicos hagan nada que no quieras —prometimos. Tres días después de la boda, aceptó a regañadientes.

En cuanto cruzamos las puertas del hospital con Norma, se nos agolparon en la mente los recuerdos de los últimos días de Leo.

—¿Cuándo fue la última vez que vio a un médico? —preguntó a Norma la enfermera encargada de las admisiones. Tim y yo nos miramos cuando Norma respondió con la verdad—. ¿No ha visto a un médico en diez meses? —repitió la enfermera con un gesto de reprobación mientras nos lanzaba una mirada sutil. Su tono y forma de hablar nos hizo sentir a todos incómodos. Hasta entonces, siempre habíamos creído

que lo correcto era apoyar las decisiones de Norma en cuanto
a sus cuidados terminales.

Apenas el día anterior, nuestra historia había aparecido
publicada en la primera página del periódico más importante de Pittsburgh, el *Post-Gazette*. "Norma hace una escala en
Pittsburgh", decía el titular. Era evidente que el personal del
hospital no había leído el periódico de ayer.

Tomaron muestras de sangre y las analizaron. Los re-
sultados preliminares indicaron que Norma estaba sufriendo
de insuficiencia cardiaca congestiva y fibrilación auricular. El
médico tratante recomendó que se quedara en observación un
día. Tim y Norma dejaron muy en claro que no querían eso.

—Vi a mi hermana y a mi padre pasar sus últimos días
en un hospital —imploró Tim—. No quiero que mi madre se
vaya así.

Norma miró al médico contrariado desde su cuerpo frágil y enfermo.

—No me voy a quedar aquí —afirmó categóricamente.

—Quizá sea un buen momento para sostener una conversación con Norma sobre la muerte y sus deseos para el fin de la
vida —nos aconsejó el médico. Tim y yo nos sentimos reivin-
dicados de pronto, luego de la vergüenza que habíamos sentido unos momentos antes. En esto les llevábamos la delantera.

Explicamos por qué nos hallábamos lejos de sus médicos
y las decisiones que Norma había tomado cuando recibió el
diagnóstico de cáncer. Pedimos al médico del hospital inter-
venciones que pudieran aliviar algunos de los síntomas y le
hicieran más fácil respirar. Dejamos en claro que una operación del corazón y otras medidas extraordinarias no estaban
a discusión.

Al parecer se produjo un cambio inmediato en la actitud del personal médico. La enfermera nos llevó a Tim y a

mí al pasillo, se disculpó por haber cuestionado nuestra falta de atención médica y celebró el apoyo que le brindábamos a Norma. Exudaba vulnerabilidad y frustración.

—Me gustaría mucho sostener más conversaciones con familias como la de ustedes —comentó, haciendo alusión a la dificultad que tienen muchas familias con las decisiones terminales.

Aproximadamente una hora después, llevamos a Norma al auto en su silla de ruedas, armada con una receta de diuréticos para una semana que ayudarían a reducir la acumulación de líquidos. El refuerzo de confianza que nos había dado el ahora comprensivo personal del hospital no nos duró mucho tiempo una vez que salimos de ahí. El corazón de Norma estaba fallando. No había vuelta de hoja. Se estaba muriendo. Me sentí más determinada que nunca a vivir el momento, ese preciso momento.

* * *

De Pennsylvania continuamos nuestro viaje al oeste por la parte norte del país, deteniéndonos en estacionamientos, en casas de amigos y, a veces, en parques de casas rodantes que nos quedaban de camino. Pasamos un par de semanas en el hogar de Norma en Michigan antes de encaminarnos a Isla San Juan en el estado de Washington, donde algunos amigos de la playa que conocimos en Baja California nos habían invitado a quedarnos con ellos por un tiempo.

En julio, un sábado por la mañana, el programa *Today* de la NBC buscó un espacio de cuatro y medio minutos, entre las convenciones republicana y demócrata, para transmitir la historia de Norma. Una productora y videógrafa había grabado algunas tomas en segundo plano cuando nos encontrábamos en Carolina del Norte, y recientemente volvió con Craig Melvin a filmar la entrevista en el bar de un amigo en Dearborn, Michigan. Habíamos pasado la noche en un estacionamiento de Walmart en el territorio amish de Minnesota. Todavía faltaba mucho para que dieran las nueve de la mañana y Norma seguía durmiendo en su habitación. Tim y yo estábamos viendo con entusiasmo el programa por televisión satelital cuando oímos afuera el traqueteo de carruajes tirados por caballos que poco a poco se fue alejando por el camino. Sonreíamos y llorábamos al mismo tiempo cuando empezó la entrevista de Norma con Craig.

Había transcurrido menos de un minuto de nuestro momento en una cadena de televisión importante, cuando ¡bum!, oímos un fuerte ruido que provenía del cuarto de Norma.

—Se cayó —grité, pero Tim ya estaba abriendo de un empujón la puerta corrediza de Norma. Estaba tirada de espaldas en el piso. Se veía asustada.

—¿Se golpeó la cabeza? —le grité a Tim mientras me esforzaba por levantarme del colchón parcialmente desinflado y corría hacia ellos.

—¿Puedes moverte, mamá? —preguntaba Tim—. ¿Te rompiste algo? ¿Estás sangrando?

—Estoy un poco mareada —gimió.

—Mamá, ¿qué pasó?

—Estaba tendiendo mi cama y de repente ¡plaf! Me fui para atrás y me caí. No pude hacer nada para evitarlo —respondió Norma, sorprendida de que su cuerpo no le hubiera respondido.

Tim le sostuvo la cabeza y yo la tomé de la mano. Mientras tanto, notamos que la pierna le estaba sangrando mucho. Su piel envejecida era tan delgada como papel y había caído sobre el pestillo de metal que evitaba que la puerta del baño se abriera cuando el vehículo estaba en movimiento. Por lo demás, y probablemente gracias a décadas de tomar vitaminas para fortalecer los huesos y el piso relativamente suave, no se fracturó ningún hueso.

Tim la ayudó a levantarse. Estaba totalmente desconcertado. Evalué la cortadura profunda de la pierna, la limpié y la vendé y estuvimos con ella un rato más hasta que se tranquilizó. Tim le recomendó a su mamá que se tomara el tiempo que quisiera para vestirse.

Después de que Norma se vistió y arregló, tomó un doble suplemento de CBD, se le pasó el dolor y salió con muy poco apetito, comenzó la transmisión en la Costa Oeste del programa *Today* de la NBC. Norma se iluminó de adentro hacia fuera en el momento que vio una imagen impresionante de sí misma en el estudio del programa en la ciudad de Nueva York. El trauma de la caída que había sufrido una hora antes pareció haberse evaporado.

Más tarde, los tres leímos absortos los cientos de mensajes que llegaron a nuestra página de Facebook después de la transmisión. Nos levantaron el ánimo en el momento ideal. Necesitábamos un poco más de amor ese día que nos dirigíamos a Dakota del Norte por la carretera interestatal I-94.

—Estoy muy agradecido por tenerte —me susurró Tim cuando llegamos a Bismarck a pasar la noche y Norma se había retirado a dormir—. Puedo conducir, preparar nuestras comidas, lavar los platos y tirar la basura, pero no sé si pueda ser la persona que se ocupe de curar las heridas de mi madre. Creo que me habría desmayado si hubiera tenido que limpiar esa pierna ensangrentada.

En su voz advertí que ambos sabíamos que estábamos entrando en una nueva etapa de cuidados para Norma. Yo podía encargarme de la pierna ensangrentada, pero ¿podría ocuparme del resto? Me quedé despierta un poco más tarde que de costumbre, mirando el techo y pensando en lo que había pasado y en lo que se nos venía. Me di cuenta de que los paseos en globo y las excursiones en las montañas habían quedado atrás. Nuevos retos nos aguardaban.

* * *

A finales de julio llegamos al suroeste de Montana y decidimos realizar un viaje espontáneo a Mammoth Hot Springs en el Parque Nacional de Yellowstone. Tim y yo ya habíamos visitado el lugar y pensamos que tal vez era el momento indicado para dejar la carretera interestatal y disfrutar de nuevo de uno de nuestros parques nacionales favoritos.

Dejamos la casa rodante en Livingston, Montana, durante el día y abordamos la camioneta. Norma se mostró tan emocionada como era posible en esos días. Seguía temblorosa e insegura. Había empezado a usar más el lenguaje de señas y decía menos palabras.

Cuanto más nos acercábamos a Mammoth y a los senderos que debíamos recorrer a pie para ver las fuentes termales, no pude evitar el recuerdo de hace apenas unos cortos meses cuando estábamos en Florida. Norma había podido caminar por los viejos peldaños de piedra del fuerte de San Agustín para admirar la vista desde los cañones sobre el río Matanzas y más allá. Le había entusiasmado tanto ver ésta y muchas otras atracciones que nada podía haberla detenido. Claro, se sentía un poco más cansada al día siguiente, pero lo habría hecho de nuevo, sin dudarlo.

La situación había cambiado desde el otoño. Norma se había vuelto más dubitativa a cada paso. Parecía depender más de sus conocidos asideros de la casa rodante con los que esperaba estabilizarse y sentirse más firme. Su seguridad en sí misma había disminuido. Todavía demostraba mucho entusiasmo por ver cosas extraordinarias, pero no había manera de que pudiera subir más de los cinco escalones requeridos para entrar en la casa rodante. Temerosa de volver a caerse, Norma insistía cada vez más en ir en su silla de ruedas en vez de intentar caminar.

Tim y yo sabíamos que una caída era, por lo general, el principio del fin: una fractura de cadera, un golpe en la cabeza o, en el caso de Leo, una fractura de compresión en la espalda. Habíamos corrido con suerte, porque aparte de la herida cutánea, Norma no se había lastimado de gravedad, aunque la caída había marcado definitivamente un cambio. Habíamos sido cuidadores de tiempo completo antes, pero ahora, la intensidad de las atenciones aumentaba cada vez más.

A menudo tenía que decirle a Tim: "Acuérdate de que nos dispusimos para esto. Sabíamos que este día llegaría". Lo decía en voz alta para convencerlo tanto a él como a mí misma. Pero saber que este día llegaría y vivirlo eran dos cosas muy distintas. En realidad, no sabía si estaba preparada para lo que venía. No sabía si alguna vez estaría lista.

Suspiré y apoyé la cabeza en el cristal de la ventanilla del asiento del copiloto; la camioneta enfiló al sur por la autopista 89 de Wyoming. A pesar de que la belleza de las montañas y el agua clara que brotaba entre las rocas trataron de atemperar mi angustia, el miedo y la preocupación se apoderaron de mis pensamientos.

¿Qué pasará? ¿Cómo nos las arreglaremos? ¿Podemos hacer esto en una casa rodante? Deseaba armarme de valor para enfrentar la realidad que esos cambios significaban o despedir la preocupación en las alas de los pájaros que volaban sobre mí.

Cuando llegamos a Mammoth, la zona estaba repleta de

vehículos. Dimos varias vueltas alrededor de los seis o siete estacionamientos atestados, pero todo estaba lleno. Finalmente pudimos estacionarnos en un lugar para discapacitados cerca de los sanitarios.

Norma, que había guardado silencio la mayor parte del camino, esbozó su sonrisa característica y, mientras Tim colgaba la placa azul y blanco para personas discapacitadas en el espejo retrovisor, bromeó como ya era de costumbre:

—Apuesto a que ahora les da gusto haberme traído, ¿verdad?

Descubrimos que había sólo dos entarimados accesibles para sillas de ruedas desde donde podían verse las intrincadas terrazas de travertino, y Tim y yo nos sentimos un poco desilusionados. Alcanzamos a ver que la mayoría de las termas estaban muy por arriba de nosotros.

Una visitante, como nosotros, debió haber reconocido nuestro espíritu aventurero y nos señaló un camino pavimentado que conducía al nivel superior.

—No hay escalones, pero está muy empinado. Si están dispuestos a empujar cuesta arriba, las vistas valen la pena —agregó.

Cuando nos acercamos al fondo de la pendiente, encontramos numerosos pesimistas que trataron de disuadirnos:

—Está muy empinado. Yo no me arriesgaría —advirtió un transeúnte.

Y otro nos dijo:

—¡Deben tener más piernas que sesos!

Cuando le preguntamos si quería seguir adelante, Norma respondió:

—Sí, claro, vamos. ¿Por qué no?

—Me preocuparía más la bajada de regreso —oímos a alguien decir cuando comenzamos el ascenso.

Los comentarios continuaron, pero seguimos adelante. Miré a Tim cuando se inclinó sobre la silla de ruedas de su madre y puso un pie frente al otro. Una sonrisa iluminó toda su cara.

Cuando llegamos a la cima, respiré profundamente y puse las manos en la empuñadura de la silla de ruedas de Norma. Mientras miraba el paisaje desde el histórico Fort Yellowstone con su telón de fondo montañoso, nuestra camioneta plateada con los kayaks amarillo y anaranjado en el techo me llamó la atención. Recordé la chispa en la mirada de Norma cuando bromeó con nosotros sobre el lugar de estacionamiento. A pesar de todos los sucesos atemorizantes de los últimos dos meses, pensé que, a pesar de todos mis miedos respecto a lo que pasaría después, Norma tenía razón. Estábamos muy contentos de que nos hubiera acompañado.

Capítulo 15. Cambio

[Ramie]

La casa rodante avanzó con calma por los aparentemente interminables huertos de manzanas del este de Washington y subió despacio, a través de los picos altos del Parque Nacional de las Cascadas del Norte, un lugar raro en el mapa que ni Tim ni yo habíamos visitado antes. Queríamos tomarnos nuestro tiempo y dejarnos arrobar por la deslumbrante belleza que veíamos a nuestro alrededor.

Al pasar por Lago Diablo, los picos escarpados se reflejaron en un espejo de sedimentos glaciares de un color turquesa tan vivo que no parecía real.

Normalmente, nos habríamos detenido, buscado un sendero para excursionistas y comenzado nuestra exploración del área. En cambio, Norma iba sentada en el sillón reclinable detrás del asiento del conductor, sentía náuseas y le costaba trabajo respirar. Nuestra meta inmediata era llegar al nivel del mar. Pensamos que, si volvíamos a una elevación menor, ella se sentiría más cómoda con el aumento de oxígeno. Nuestra única opción era cruzar estas montañas de la manera más rápida posible.

Decidimos pasar un par de noches en el parque de casas rodantes frente al mar en Fidalgo Island para que Norma pudiera aclimatarse antes de abordar el transbordador con la casa rodante y la camioneta para llegar a nuestro destino: el archipiélago de San Juan. Ahí pensábamos pasar una semana o dos con Nan y Steve, dos amigos de Baja California que vivían a las afueras de Friday Harbor, Washington.

Los males de Norma parecieron mejorar con rapidez una vez que nos instalamos en este lugar casi al nivel del mar. No tardó en volver a caminar detrás de su silla de ruedas por las dos hectáreas y media que por un tiempo serían nuestro hogar. La herida en la pierna de la semana anterior estaba sanando bien, y Tim y yo pensamos que su salud se estaba restableciendo. Tal vez las cosas estén cambiando, pensé.

Nan había planeado muy bien nuestra visita. Nuestra primera parada sería para conocer a Popeye, la foca del puerto que se pasaba el tiempo haraganeando en los muelles de Friday Harbor cerca de la tienda de pescados y mariscos. Iríamos a un mercado de productores agrícolas el sábado por la mañana y luego a oír música de las grandes bandas el domingo por la tarde. Había reuniones semanales los martes en las que tocaban el ukulele y había cerveza y palomitas de maíz, y había que incluir a Norma en eso también. Además, pensamos en aceptar algunas invitaciones de Facebook, como ir a ver a las ballenas, una visita a una finca de cultivo de lavanda y una cita para que Ringo jugara con otro poodle también llamado Ringo, antes de continuar.

Entre uno y otro paseo, Norma leía, jugaba en su iPad y seguía trabajando en su bronceado. Era agosto, la mejor época del año para visitar la región noroeste en la costa del Pacífico, un lugar comúnmente nublado y lluvioso. En medio de una ola de calor que azotó a Estados Unidos y rompió todos los récords históricos, nos hallábamos en un lugar muy confortable: veinticuatro grados centígrados y el tiempo soleado nos estaban cayendo muy bien.

La vida era buena... hasta que ya no lo fue. Norma volvió a caerse por la noche cuando trataba de regresar a la cama después de haber ido al baño, que estaba a sólo unos pasos de distancia. No se lastimó, pero Tim y yo comprendimos que nuestra gran aventura terminaría muy pronto. Norma dormía cada vez más durante el día y todos nos desvelábamos cada vez más durante la noche debido a su necesidad frecuente de orinar. Le rogábamos que tomara suficiente agua por temor a la deshidratación, pero nos horrorizaba ver que las piernas se le hincharan. No podíamos establecer un equilibrio. Pensamos que, a esas alturas, debía de estar sufriendo verdaderamente de insuficiencia cardiaca congestiva y que, en efecto, se estaba ahogando en sus propios líquidos.

El deterioro de Norma era constante y marcado. No había señales de cáncer desde su perspectiva o la nuestra. Había dejado de sangrar hacía meses, y las tabletas de CBD controlaban por completo el dolor que sentía. Se hacía patente que era más probable que muriera por una falla cardiaca que por el cáncer.

El 24 de agosto celebramos nuestro primer aniversario de viaje. Había muchos acontecimientos importantes en ese año: recorrimos casi veintiún mil kilómetros, viajamos por treinta y dos estados, visitamos quince parques nacionales, vivimos muchísimas experiencias nuevas, hicimos nuevos amigos y consumimos mucha cerveza y pastel. Hicimos una pequeña fiesta en el patio techado de celosía de Nan y Steve, y ellos tocaron sus ukuleles y nos dieron una serenata con una bella interpretación de "All the Good People" antes de agasajarnos con dos tipos de pastel y cerveza, como ya era nuestra tradición.

Recordamos el año que pasamos juntos en la casa rodante y compartimos relatos de todo el país con Nan y Steve. Reímos al recordar las múltiples ocasiones en que ella había dicho: "Apuesto a que ahora les da gusto haberme traído, ¿verdad?", y disfrutamos de la amistad y hospitalidad de nuestros anfitriones. Pero incluso en medio de esta celebración improvisada, sentí que de algún modo nuestra alegría comenzaba a mezclarse con la tristeza. Todos comprendimos que habíamos ido a San Juan por un motivo completamente diferente del que habíamos pensado en principio; ahí era donde Norma finalmente moriría.

* * *

A medida que Norma tachaba los días en su calendario de bolsillo, su somnolencia excesiva continuó. De pronto, le había dejado de interesar hacer crucigramas, leer o jugar en el iPad, pasatiempos que le gustaban mucho. Continuamente le faltaba el aire y en las piernas se acumulaba cada vez más líquido.

Se había vuelto toda una hazaña subirla y bajarla de la casa rodante. La hija de Nan, que estaba de visita y tenía problemas respiratorios de vez en cuando, nos prestó un generador portátil de oxígeno para ver si Norma se sentía mejor usándolo. Al principio, Norma no quiso ni ver la máquina y se resistió a nuestros esfuerzos por convencerla. Creo que la interpretó como un aparato de soporte vital, y no como un instrumento que le ayudaría a estar más cómoda. Luego de tres días de rechazo, nos permitió colocarle la cánula en la nariz a manera de prueba por un tiempo corto. No se necesitó mucho tiempo para que fuera notorio que respiraba con mayor facilidad y le agradó tanto la sensación de que el oxígeno llegara a sus órganos vitales que se mostró más dispuesta a usarlo.

Cuando la hija de Nan nos comunicó sus planes de marcharse en unos días y llevarse su generador portátil de oxígeno, Norma decidió que sería bueno continuar con oxígeno que le facilitara respirar. Era hora de pedir ayuda. Recordamos nuestra conversación con el médico de Michigan que había diagnosticado a Norma hacía un año. En ese entonces, Tim le preguntó: "¿Qué podemos esperar a medida que avance la enfermedad y cuál es la mejor manera de atenderla?".

Nos había dicho que nuestra mejor opción sería buscar el apoyo de una organización local de cuidados paliativos dondequiera que nos encontráramos. "Debe poder seguir viviendo en su casa rodante", aventuró.

Hicimos una cita en Peace Island Medical Center, el hospital de la zona, para ver si de verdad era tan fácil conseguir apoyo de cuidados paliativos. Quiso el destino que la enfermera calificada que examinó a Norma esa mañana, que había trabajado en una casa de cuidados paliativos, entendiera por completo nuestra situación.

Luego de una conversación de una hora, regresamos al vestíbulo sintiéndonos muy satisfechos; nos habían dado una derivación para que atendieran a Norma en Hospice Care of the Northwest, un centro para enfermos terminales. Tim y yo podríamos contar ahora con el apoyo que necesitábamos para cumplir nuestra promesa: que Norma llegara al final de su vida en su "hogar".

Tim empujó la silla de ruedas de su madre por el vestíbulo, que más parecía un museo de arte que un hospital, y salimos por las puertas dobles automáticas. Los tres sustrajimos un poco de oxígeno extra del aire fresco de Washington. Tenía una sensación de paz que me recordó que el cometido que nos habíamos propuesto era una carrera de resistencia, no de velocidad.

—Podemos hacerlo —le susurré a Tim.

Habíamos dado unos pasos fuera cuando levanté la mirada y de pronto me quedé sin aliento. En la entrada techada del hospital había un Toyota gris, modelo 1980, con el motor en velocidad neutral, cuyo conductor obviamente estaba esperando a alguien. Sin decir una palabra y sin siquiera mirarnos, Tim y yo nos detuvimos un instante, embargados de emoción; parecía como si Leo estuviera listo para que Norma lo acompañara al más allá y la llevaría al otro lado en Míster 2. Tim pasó rápidamente junto al automóvil y, sin mirar atrás, llevó a su madre a nuestra camioneta que estaba cerca de ahí, como diciendo: "Todavía no, papá".

Luego fuimos directamente a Friday Harbor a visitar la Feria del Condado de San Juan. Nadie habría imaginado que acababan de derivar a Norma a cuidados paliativos. Inspeccionó con todo detalle las verduras y tartas que tenían un listón azul. Sonrió alegremente y saludó con la mano a unas personas que la reconocieron cuando introdujo la cabeza por los agujeros de una representación en madera de triplay de la famosa pintura *American Gothic*, del artista Grant Wood, para que le tomaran una fotografía. Lo más importante, pudo darse el lujo de comer una "oreja de elefante", un buñuelo grande cubierto de azúcar, que recordaba haber comido en su juventud.

Mi mente giraba como la rueda de la fortuna en el centro de la feria. Sentía el regocijo del momento presente que, a todas luces, estaba viviendo Norma, así como la angustia de no tener la menor idea de cómo serían las próximas semanas y meses.

—¡Bienvenidos a cuidados paliativos versión de Norma! —nos anunció Nan a los tres mientras nos guiaba a los establos del ganado a ver las cabritas recién nacidas. Ella y su hija habían ido a recogernos a la feria.

No me quedó más remedio que reír. Nada de este último año había sido típico, así que, ¿por qué tenía que serlo esto? Lo único que podíamos hacer era seguir viviendo el momento y aceptar lo que la vida nos ofreciera, sin importar por cuánto tiempo.

Más tarde, esa noche me pregunté si Norma habría tenido la misma reacción que Tim y yo al ver el auto gris en la entrada del hospital.

—¿Viste el auto que estaba en la puerta del hospital hoy? —le pregunté.

—Ah sí, fue muy extraño. Creí que Leo había ido por mí —me confesó Norma—. No supe qué pensar.

Así que ella también lo había sentido, pensé. Los ojos se me humedecieron y le dirigí una pequeña sonrisa, conmovida al imaginar que Leo la estaba esperando cuando estuviera preparada para partir y triste al comprender que tal vez nos dejaría muy pronto.

* * *

Nuestra experiencia con Hospice Care of the Northwest, que estaba situado en tierra firme y tenía un centro en la isla llamado Hospice of San Juan, fue maravillosa, aunque un poco abrumadora. Hubo muchas personas que participaron en el cuidado de Norma y de nosotros también. Era evidente que todos tenían experiencia en ello. Pero no pasó mucho tiempo antes de que Norma le demostrara a su nueva enfermera de cuidados paliativos, Kathryn, que no estaba atendiendo a una anciana común y corriente.

—Voy a tomarle la presión arterial, Norma —anunció Kathryn cuando nos visitó por primera vez en la casa rodante. Norma estaba sentada cómodamente en su sillón, bebiendo su taza de té de la tarde. Kathryn también le puso el medidor de saturación de oxígeno en el dedo medio y luego le oyó el corazón y los pulmones con un estetoscopio que sacó de su maletín médico—. ¿Puedo quitarle las pantuflas, Norma? —aventuró.

Los ojos destellantes de Norma se cruzaron con los míos cuando le quitaron la primera pantufla del pie hinchado. Las dos sabíamos lo que Kathryn iba a encontrar y comenzamos a reírnos. Tim empezó a reír también cuando se dio cuenta de lo que estaba ocurriendo. Cuando le quitó la pantufla, a Kathryn le sorprendió ver que los dedos de Norma tenían flores pintadas de color rosa brillante. Hacía poco que le habían hecho una pedicura y ésta era en realidad la primera vez que le pintaban las uñas de los pies. Norma parecía muy divertida cuando Kathryn le elogió su adorno caprichoso.

Luego procedió a inspeccionar los pies y tobillos de Norma. Las manos de Kathryn se movieron con destreza sobre la piel delgada como papel, pero se detuvieron de pronto justo encima del tobillo.

—¿Qué le pasó a su piel aquí? —preguntó, preocupada—. ¿Qué es esta decoloración en sus piernas? ¿Qué es esta línea?

La sonrisa de Norma se hizo más grande y con orgullo respondió:

—Pues es mi línea de bronceado. Por lo general, los calcetines me llegan hasta ahí.

—Le aseguro que tengo que aprender algo de usted, Norma —bromeó Kathryn.

* * *

Pensamos que habíamos tomado ya todas las decisiones necesarias y que habíamos dejado atrás las conversaciones difíciles.

Esa primera semana en Isla San Juan, cuando nos dimos cuenta de la rapidez con que Norma se estaba debilitando, decidimos pedirle que llenara una directiva de "Cinco deseos". Había descubierto este documento en el kiosco de información del hospital donde Leo pasó sus últimos días el verano pasado. Era una manifestación de su última voluntad que tomaba en consideración las necesidades personales, emocionales y espirituales de la persona, así como sus deseos en cuanto a los cuidados médicos y cuando ese documento se firmaba delante de dos testigos, se convertía en un documento con valor legal en todos los estados, excepto ocho. Una de las pocas preguntas que Norma respondió fue: "¿Cómo desea que la gente la recuerde?". Con su caligrafía temblorosa, escribió: "Era una buena persona". Por más difícil que fuera esta conversación, nos sentimos confiados en que después sabríamos cómo satisfacer mejor todas las necesidades de Norma.

Ahora que contábamos con el documento de "Cinco deseos" y nuestro equipo de cuidados terminales, pensamos que aceptaríamos plenamente todas sus recomendaciones y que Norma moriría pronto, cuando estuviera dormida como su madre, lo que era, según me contó ella misma, su esperanza.

—El día que la abuela murió almorzó con sus amigas en el comedor de la residencia —nos había contado hace meses—. Después del almuerzo, regresó a su habitación a dormir una siesta y nunca despertó. Eso fue todo. A mí me parece muy bien.

En vez de eso, las cosas sólo se agravaron.

El médico del centro de cuidados paliativos había recomendado que Norma tomara Lasix, un diurético muy potente que se usa para tratar la acumulación de líquido y la hinchazón causada por la insuficiencia cardiaca congestiva. Sin embargo, su uso le causaba muchos problemas a Norma. Inducía una docena o más de viajes al baño durante el día y otra media docena por la noche. Los efectos secundarios eran muchos e incluían estreñimiento y pérdida de potasio, la que a su vez requería más medicamentos para compensar. Todos empezábamos a sentirnos exhaustos con el proceso. Norma tiró a la basura las medias de compresión que la torturaban y que le habían recetado para ayudar a bajar la hinchazón de las piernas, y una vez que redujo la ingesta de líquidos, dejó de tomar el diurético también. Lo detestaba.

El líquido no tardó en volver a acumularse después de que Norma dejó de tomar las pastillas y, en su próxima visita, Kathryn nos dijo que el médico del centro de cuidados paliativos había dicho que era hora de reanudar el tratamiento. Sin embargo, ninguno de nosotros estaba seguro de con qué fin. Era obvio que el cuerpo anciano de noventa y un años de Norma estaba fallando; su deterioro era patente y marcado. ¿La estábamos torturando con estos medicamentos para obtener un resultado limitado? "Sólo quiero descansar", decía, exhausta, después de haber ido una vez más al baño.

—Ayúdeme a entender por qué necesita tomar de nuevo el Lasix —insistió Tim durante nuestra siguiente conversación con la enfermera.

—Le ayudará a respirar —respondió ella, insinuando que, por supuesto, respirar era lo que más le convenía.

Tim no se dejó convencer con facilidad.

—¿Con qué fin le estamos prolongando la vida? —preguntó—. ¿Dónde está la calidad?

La conversación parecía discurrir en círculo. Norma se retiró a dormir y Tim se desentendió de la charla, ya que sentía que no lograba hacerse entender.

—Pero le ayudará a respirar —repitió Kathryn en voz baja y sólo a mí.

—Ayúdeme a comprender cómo funciona este fármaco a largo plazo —pedí, en un intento por comprender cuánto tiempo más podía darle a Norma a cambio de sus terribles efectos secundarios.

Kathryn fue muy paciente conmigo. Tim se sentó a la mesa del comedor y escuchó sin participar mientras ella y yo hablábamos de las diferentes formas en que Norma podría morir, los síntomas que podíamos esperar y cómo podíamos apoyarla en su experiencia.

—Uf, es muy raro que hable con tanta franqueza con las familias —observó Kathryn. Sonaba como una alumna adolescente muy destacada dándole a sus padres la noticia que acababa de sacar B en su boleta de calificaciones y no sabía cómo reaccionarían—. Es más alentador de lo que imaginan —añadió.

Kathryn era la segunda enfermera que nos había dicho eso, pero aún no lo asimilábamos.

—Me sorprende oír eso —respondí, suponiendo que muchas otras familias tenían mayor control sobre estas cosas—. Yo habría pensado que era una conversación de todos los días cuando alguien llega a un centro para enfermos terminales.

Al final de la visita de Kathryn, estaba resuelta a hablar con Norma acerca de volver a tomar el Lasix, sin intervención de Tim ni de nadie más. Sólo nosotras.

Al día siguiente tuve un momento de tranquilidad con Norma mientras Tim salía a caminar con Ringo. Hablamos de su corazón y de que era probable que no le quedaran muchos latidos. Le reiteré lo que la enfermera nos había dicho sobre la acumulación de líquido en los pulmones y que esto le provocaría la muerte tarde o temprano. Si quería comenzar de nuevo el tratamiento con Lasix, sus pulmones estarían despejados por un tiempo. Era probable que le ayudara a respirar mejor y le daría un par de semanas más. Finalmente, sucedería lo inevitable y ella moriría pronto de un modo u otro.

—Entiendo —me dijo con la mirada clara y extraordinaria lucidez al tiempo que ponía la mano sobre mi mano izquierda.

Al mismo tiempo, pasé la mano derecha por la pierna inflamada y llena de líquido de Norma.

—La cuestión que quiero pedirte que consideres —continué— es si quieres tomar el Lasix de nuevo unos días para aliviar parte de este líquido que estás reteniendo.

Me di cuenta de que Norma intentaba formar las palabras correctas con la boca.

—No quiero que me respondas ahora —me apresuré a añadir—. Espero que lo pienses y reces para llegar a una decisión. Es tu vida y tu decisión. Sin importar lo que elijas, nosotros lo respetaremos. Todos lo harán. Decidas lo que decidas, tenemos la medicina para asegurarnos de que estés lo suficientemente cómoda para morir en paz y tranquila.

Guardó silencio.

—Timmy va a estar bien —le aseguré.

Cerró con suavidad los ojos.

—Yo estaré bien. Ringo estará bien también.

Transcurrió más tiempo en silencio

—Hablaremos de esto nuevamente mañana —le dije.

—De acuerdo —dijo abriendo los ojos. Había vuelto a ser estoica como siempre.

—Norma, eres la persona más valiente que conozco —le dije—. Antes pensaba que Stacy lo era, pero he cambiado de opinión. Creo que es por...

Antes de que pudiera terminar, me miró a los ojos y susurró:

—Estoy bebiendo la "esencia de Stacy".

Entendí exactamente lo que quería decir. Le estaba pidiendo valor y fortaleza a lo más cercano que teníamos a un ángel de la guarda o a un superhéroe.

Posé la mirada unos momentos en sus ojos azules empañados por las lágrimas y me di cuenta de que la claridad había llegado. Se estaba preparando para una transición trascendental. Si Stacy pudo hacerlo, también Norma podría.

—Me gustaría saber dónde puedo encontrar algo de esa "esencia de Stacy" —le respondí en un susurró—. ¿Puedes darme algún indicio?

Aunque empezaba a dormitar, tuvo la energía suficiente para decir:

—Tendrás que encontrarla tú misma.

De pronto, llegó la hora de hacer otro de los temidos viajes al baño. Entoné la canción "Pon un pie delante del otro" con mi mejor voz, como si le estuviera cantando a un niño, y caminamos despacio al baño, desternillándonos de la risa.

La "esencia de Stacy" estaba funcionando con las dos.

Esa noche a las nueve en punto, los tres iniciamos nuestra rutina de mover a Norma del frente de la casa rodante a su dormitorio en el fondo. Tim y yo la ayudamos a levantarse de su sillón y desenredamos la sonda larga del oxígeno para que no se tropezara con ella con su andadera. Ringo se movió de su lugar al pie de la cama de Norma al frente de la casa rodante.

La canción de la noche fue nuestra interpretación del éxito latino de 1958 "Tequila" de los Champs. Cada paso la hacía sonreír. Cuando llegamos a la puerta corrediza que dividía nuestros espacios nocturnos, sus caderas se movían al ritmo de las palmadas que Tim se daba en los muslos a manera de toques de tambor. Los tres estábamos retorcidos de risa.

—Si no estuviéramos riéndonos, ¡estaríamos llorando! —exclamó Norma entre una y otra respiración.

Nunca se han dicho palabras más ciertas.

Nos levantamos dos veces esa noche para ayudar a Norma a ir y venir del baño, manipulando la ropa interior desechable para adulto, las sondas de oxígeno y unas piernas cada vez menos capaces de sostenerla cuando las necesitaba.

* * *

A la mañana siguiente, mientras desayunábamos un omelet de cangrejo de Dungeness que Tim nos había preparado, tuve oportunidad de hablar de nuevo con Norma sobre la decisión que le había encomendado tomar.

—¿Recuerdas lo que hablamos ayer acerca del Lasix y el líquido en tus piernas y pulmones?

—Sí, claro. No quiero tomar el Lasix —dijo tan campante como si nada.

Antes de que pudiéramos continuar, una auxiliar doméstica del centro de cuidados paliativos llegó a bañarla.

—Quiero que hablemos un poco más después de tu baño, ¿de acuerdo? —le dije antes de que cerrara la puerta del baño. Era importante para mí que ella comprendiera plenamente que su estado se estaba deteriorando y que podía morir más pronto si no tomaba el Lasix. También quería que supiera que apoyaríamos su decisión fuera cual fuera.

Veinticuatro horas después de la conversación incómoda con Kathryn, volví a hablar por teléfono con ella.

—El doctor quiere que vuelva a tomar Lasix tres días —explicó—. Después le cambiaríamos el medicamento por...

Intenté con desesperación seguir lo que me decía y anotar todos los detalles del plan que el doctor había preparado. Kathryn empezaba a sonarme un poco como la maestra de

Charlie Brown: no oía nada, salvo por palabras indistinguibles. Terminó de explicarme cada paso.

—O podríamos omitir el Lasix —ofrecí. Su tono de voz me dejó en claro que no era ésa la respuesta que esperaba.

Pero yo había visto la mirada en los ojos de Norma, y ahora también estaba bebiendo de la "esencia de Stacy". Sentí que me invadía una oleada de valor y certidumbre.

—Kathryn, hemos pasado cada minuto del día con Norma desde junio pasado cuando Leo se enfermó —comencé—. Estamos seguros de que el amor y la alegría que Norma ha experimentado en el último año de su vida es una rara ocurrencia, en especial para alguien de su edad.

—Desde luego —coincidió ella.

—No tenemos nada de qué arrepentirnos, nada queda por hablar o hacer. Si ella tuviera una lista de cosas que deseara hacer antes de morir, no habría nada que le faltara tachar. Siempre ha sido su deseo tener una muerte natural sin sufrir los efectos secundarios de los medicamentos o estar conectada a un medio artificial. El apoyo del oxígeno fue algo extraordinario que finalmente aceptó. Así es ella. Está en paz. Hablaré con ella una vez más para cerciorarnos —continué—, pero estoy casi segura de que nos inclinaremos a rechazar los medicamentos que nada más la harían sufrir. No es algo que Tim o yo hayamos decidido, sino que Tim y yo estamos respetando lo que sabemos que es más importante para su mamá. Le ruego que entienda.

Y, dicho sea en su honor, Kathryn entendió. Los temores que albergaba respecto a que nos juzgara mal o a que pusiera en tela de juicio nuestros motivos se disiparon después de esa llamada. A partir de entonces, fue como alguien de la familia.

Tim y yo estábamos afuera abriendo avellanas y conversando cuando, después de la ducha, Norma salió a la puerta de la casa rodante con el bastón en la mano.

—¿Puedo salir? —preguntó. Desde su lugar debajo de la mesa de picnic, Ringo levantó la cabeza y movió la cola. Su amiga no había estado interesada en salir desde hacía más de una semana. Su pregunta nos sorprendió a nosotros también. La observamos mientras bajaba los peldaños con paso tembloroso, apoyada con una mano en su bastón de madera de roble blanco y con la otra sujetándose con fuerza de los barandales de la casa rodante.

La conversación que me había prometido sostener con Norma se dio de manera muy natural. Analizamos las ventajas y desventajas de las diferentes opciones. Hablamos sobre el hecho de que su vida estaba llegando a su fin y que una opción podría permitirle vivir un par de semanas más que la otra.

—Es tu vida y tu decisión —reiteré—. Tim y yo te apoyaremos pase lo que pase. ¿Comprendes lo que te estoy preguntando?

—Sí, lo comprendo. No quiero tomar el Lasix. ¿Qué opinas?

Me miró primero.

—No importa lo que yo opine —reiteré.

Norma volvió la cabeza despacio para mirar directamente a la cara a su hijo.

—Timmy, ¿estás de acuerdo? ¿Qué piensas? —advertí la preocupación en su voz. Le estaba preguntando a Tim si estaba de acuerdo con su decisión de morir más temprano que tarde.

—Mamá, es tu decisión. Si me preguntas qué pienso de tu elección, creo que es una buena decisión. Nos aseguraremos de que estés cómoda. Te amo, mamá.

—Muy bien, entonces digo que nada de Lasix —manifestó Norma.

Después de unas horas de terapia de sol, las nubes se encapotaron y Norma volvió a subir a la casa rodante. Conversamos y bromeamos mientras la ayudaba a sentarse en su sillón y le llevaba algo dulce que comer. Cuando estaba chupando una paleta helada de naranja, se detuvo, miró espontáneamente al cielo y dijo:

—Señor, espera que todos nosotros lleguemos allá arriba algún día, incluso los bobalicones que andan por aquí.

Su risa iluminó los confines oscuros de la casa rodante ese día, ahora lluvioso. Su mirada brillante se cruzó con la nuestra, "los bobalicones".

Esa noche cantamos "When the Saints Go Marching In" mientras Tim hacía girar la silla de ruedas de Norma en un círculo y ella movía las caderas en el asiento y con las manos dirigía la marcha. Nos envolvió un manto de alivio. No había que preocuparse más por las decisiones. Podíamos amarnos mutuamente y despedirnos.

* * *

Con cada ida al baño, las piernas de Norma funcionaban menos por sí solas. Tuvimos que cambiar su andadera por la silla de ruedas para transportarla los siete metros y medio a los que quedaba el baño al fondo de la casa rodante. Por la noche, empezó a usar pañales para adultos, o ropa interior desechable, como se les llama bajo un velo de dignidad, y todos nos fuimos acostumbrando cada vez más a lo que apenas hace un tiempo era tabú.

Norma estaba perdiendo su dignidad poco a poco, por más que tratáramos de mantenerla intacta en lo que le quedaba de vida.

Cuando ensució los pantalones, exclamó:

—¡Ay, Dios mío! —sorprendida de que las funciones corporales la traicionaran de tal manera.

En vez de consolarla esta vez y decirle que todo iba a estar
bien, proclamé: "Bueno, qué se le va a hacer, ¡así es la vida!".
Me di cuenta de que mi filtro de cordialidad se estaba desgas-
tando con rapidez.

Antes de que pudiera procesar lo que acababa de decirle
a mi suegra, Norma rio y dijo:

—¡Así es la vida! ¡Muy cierto!

* * *

Pensaba constantemente "A Norma le encantaría esto" o
"Tengo que enseñarle a Norma esto otro".

Entendimos que nunca volvería a bajar los escalones de
la casa rodante, sus nonagenarias piernas se habían puesto en
huelga y el resto del cuerpo seguía el ejemplo; no obstante, yo
no podía evitar querer mostrarle todo lo que veía y disfrutaba
del mundo cotidiano.

Mark, nuestro amigo de Baja California, volvió a visitarnos en Isla San Juan para ofrecernos su apoyo. Él y yo estábamos recogiendo avellanas en el huerto de Steve, cuando una
rana pequeñita, de color verde brillante, saltó a mi mano.

—¡Tengo que enseñársela a Norma! —le dije a Mark.

Dejé todo lo demás y corrí a la casa rodante, tratando
todo el tiempo de reducir al mínimo el trauma que creía que
la rana estaba sufriendo. Cuando llegué al sillón de Norma,
el anfibio iridiscente saltó de mi mano directamente a la de
Norma. Si había alguna duda de si Norma seguía con vida, recibimos nuestra respuesta; se llevó un gran susto cuando la
rana le cayó en la mano, pero después no se cansaba de hacerle mimos a la pequeña "rana Freddy", que terminó por saltar
de sus manos y salió por la puerta abierta.

Empezamos a sentir el aire frío como no lo habíamos

sentido en mucho tiempo. Todo parecía estar en transición. Una tarde, mientras iba a hacer las compras en el pueblo con Nan, caí en la cuenta que las hojas estaban empezando a cambiar de color. Un roble joven que había en el estacionamiento del supermercado destacaba en particular: sus hojas se habían teñido de rojo brillante y cada una parecía ser más grande que la cabeza de Norma. "Tengo que recoger algunas para llevárselas a Norma", dije y tomé nota mental de hacerlo cuando volviéramos al auto. En vez de ello, mientras estaba formada en la caja recibí una llamada de nuestra enfermera del centro de cuidados paliativos. Dejé mis víveres en la banda transportadora y olvidé por completo las hojas de roble.

Sentía el cerebro como si estuviera cambiando de canal constantemente. Tenía dificultad para recordar las cosas y me esforzaba por expresarme de manera articulada. Era como si la niebla característica de la costa noroeste del Pacífico hubiera llegado para asentarse en mi cabeza. Nan había cuidado tanto a su madre como a su suegra, y le pregunté si alguna vez volvería a un nivel superior de funcionamiento.

—Sí —me aseguró—. Todo esto es parte de lo que está sucediendo.

Apenas me había visto en el espejo en las últimas semanas. Cuando me vi de reojo, noté el cabello despeinado, ojeras debajo de los ojos y arrugas que recién me habían salido. Otro recordatorio de que nunca volvería a ser la misma.

* * *

Faltos de sueño, nos acostumbramos a la rutina caótica del baño, el control del dolor y el medicamento para dormir cuando, primero, la pierna izquierda de Norma y luego la derecha dejaron de funcionar por completo, haciendo que fuera muy difícil levantarla. Su capacidad de hablar también estaba a punto de desaparecer.

Nuestros rituales a la hora de acostarnos se volvieron cada vez más tiernos. Nos tomábamos de las manos y nos sentábamos muy juntos en la cama de Norma y, envueltos bajo el manto de la tranquila quietud de la noche, decíamos todo lo que nuestro corazón nos dictaba. Nan y Steve empezaron a acompañarnos en nuestra rutina musical nocturna. Tocaban melodías viejas y canciones de cuna con sus ukuleles, y todos cantábamos. Norma recordaba aún sus favoritas, y se unía a nosotros con su débil voz. Una noche, cuando preguntaron de nuevo si Norma quería que tocaran y cantaran, Tim respondió: "Esta noche no. Creo que ya está cansada", y les dio las gracias amablemente.

Esa misma noche, Tim y yo nos sentamos con Norma y, en voz baja, le dimos las gracias por ser quien era. Le dijimos que nuestra próxima aventura sería tan grandiosa como la que acabábamos de compartir. Le recordamos que cuando salimos juntos de Michigan el año anterior, ella no sabía cómo resultaría este viaje con nosotros, pero que de todas formas había confiado en él.

—Esperamos que puedas confiar en la próxima aventura a lo desconocido —le susurré.

Le administramos el medicamento líquido para el dolor con un gotero y sumo cuidado. Por lo general, se quedaba profundamente dormida poco después de dárselo, así que le dimos las buenas noches, le dijimos que la amábamos y nos despedimos de ella, por si acaso. No faltó nada por decir. Le pedimos que imaginara que se estaba yendo al cielo en Míster 2, o tal vez flotando en un globo aerostático. Cualquiera de las dos imágenes le pareció bien porque sonrió débilmente y luego se sumió en un sueño inducido por la droga. Antes de salir de su habitación, Tim abrió una ventana cercana para dejar entrar a los ángeles que acompañarían a su bella alma.

Tim y yo nos acomodamos al frente de la casa rodante y para distraernos un poco, prendimos el televisor. Casi había pasado una hora, cuando Tim la escuchó gritar algo ininteligible, cosa inusitada en ella.

—¿Qué, mamá? —espetó al tiempo que corría a su cama a la velocidad del rayo—. ¿Necesitas algo, mamá?

Nos esforzamos por entender lo que trataba de decirnos, pero la boca y las cuerdas vocales ya no podían comunicarse bien. Sin intención de hacerla sentirse mal, dije:

—Lo siento, Norma, pero me está costando mucho trabajo entender lo que dices. ¿Puedes repetirlo?

Estábamos muy solemnes y estresados por la posibilidad de que Norma tuviera algo muy importante que decirnos. Su falta de habla lo volvía un ejercicio frustrante. Cada vez que le hacía una pregunta, se sentía peor.

De pronto se me ocurrió que nuestra relación con frecuencia se había basado en el humor. Cuando no sabíamos qué hacer, siempre hallábamos la manera de reírnos. Así es la vida, ¿cierto? Cambié mi tono serio por uno de sabelotodo.

—¡Ya sé lo que quieres! —exclamé.

Los ojos cansados de Norma parecieron decir: "Eso espero, Dios mío. No puedo seguir con este juego mucho más tiempo".

—¡Quieres que cante! —dije con un poco de sarcasmo.

Para mi absoluta sorpresa, Norma asintió con la cabeza.

—¡¿En serio?!

Asintió de nuevo.

Entonces canté. Canté y canté y canté... más de una docena de canciones. Canté las melodías viejas cuya letra ella conocía, las que apenas dos noches antes había podido cantar con nosotros. Canté "When the Saints Go Marching In" y "Oh, Susanna". Canté "The Battle Hymn of the Republic" y "He's Got the Whole World in His Hands".

Cuando estuve segura de que ya estaba harta de mi voz terriblemente desafinada, le pregunté:

—¿Ya basta?

Volvió a mover la cabeza, pero esta vez de un lado a otro.

—¿Quieres que siga cantando, Norma?

Asintió con la cabeza. Incrédula, pregunté una vez más. La respuesta fue la misma.

Seguí cantando. Canturreé "A Bicycle Built for Two" y "Go Tell It on the Mountain". Luego canté una de mis favoritas, "This Little Light of Mine". Por fin, se fue quedando dormida poco a poco.

Durmió tres días más y le canté tres noches más. El cuarto día bebió el último sorbo de la "esencia de Stacy".

Capítulo 16. Descanso

[Tim]

Ramie y yo nos dimos cuenta desde los primeros días de nuestro viaje que mi madre no estaba lista para acompañarnos en nuestro peregrinaje acostumbrado a Baja California durante nuestro primer invierno juntos. La falta de servicios y la diferencia cultural tan repentinas habrían dificultado la transición para ella. En cambio, pasamos tres meses maravillosos en el soleado Florida. Entonces, en algún momento a principios de la primavera, cuando estábamos recorriendo la costa del Atlántico, mamá mencionó que le gustaría ir a México con nosotros la próxima vez. Tal vez cambió de parecer a causa de que conoció a muchos de nuestros amigos de Baja California a lo largo de nuestro viaje; tal vez fue porque cuando vio a los tiburones ballena en Atlanta, quiso verlos en su ambiente natural; o tal vez se debió a que sabía que Baja California era como un hogar para nosotros y quería saber por qué.

Consciente de que no había posibilidad de instalar cómodamente a mamá en nuestro lugar habitual en una playa primitiva, hice arreglos para alquilar una casa pequeña en la cercana Posada Concepción. Nos proporcionaría servicios del primer mundo, como agua corriente, inodoros con mecanismos de descarga de agua y electricidad durante doce horas diarias, gracias al generador de diésel de la pequeña comunidad, comodidades prácticas que ella necesitaría para sentirse a gusto. También nos aseguramos de recoger su pasaporte cuando visitamos su casa en Presque Isle en julio.

Después de hacer todos los planes, esperaba con ansia el momento en que mamá fuera a la playa con nosotros. A menudo fantaseaba pensando en lo divertido que sería subirla a una de nuestras tablas de remo. Entendía que ya era demasiado vieja e inestable para mantenerse en pie en la tabla, así que, en cambio, imaginaba su cuerpo menudo descansando en la parte ancha con los pies colgados por los costados. Esbozaría su famosa sonrisa que iluminaba su rostro mientras se mecería en las aguas cristalinas de Bahía Concepción. Más tarde, le prepararía mi especialidad, un coctel margarita, con licor de damiana en lugar de triple seco, y brindaríamos por el viaje realizado hasta el momento. Nos sentaríamos en el porche hasta que el sol se ocultara detrás de las montañas y disfrutaríamos de otro momento ordinario de una vida extraordinaria.

En vez de todo eso, guardamos las cenizas de mamá de manera segura y cuidadosa en una urna debajo de la que había sido su cama y Ramie y yo subimos a la casa rodante para viajar al sur por la orilla occidental de Estados Unidos. Ringo, que trepó a la carroza fúnebre con el cuerpo de mamá y se rehusó a bajar cuando llegó el momento de dejarla, seguía haciéndose un ovillo al pie de su cama por las noches; su dolor era palpable para nosotros. Habíamos emprendido una nueva aventura: aprender a viajar con nuestro dolor, a levantar el campamento y seguir adelante por el camino sin ella.

Después de dejar la casa rodante en un depósito en California durante el invierno, continuamos nuestro viaje al sur de la frontera en nuestra camioneta. Como teníamos tanto que hacer antes de irnos, nos vimos obligados a dejar las posesiones de mamá tal como estaban en la casa rodante, después de decidir que nos ocuparíamos de ellas cuando volviéramos la próxima primavera. Sin embargo, hubo un cajón que no pudimos dejar intacto: el "cajón de la ardilla" de mamá. Siempre que mamá recibía recuerdos, pequeños regalos o muestras de afecto, iba a su habitación y los guardaba para verlos en el futuro, de modo muy parecido a como una ardilla escondía sus bellotas. Se había vuelto una broma entre los tres. Si le preguntábamos dónde estaba algo importante, respondía: "Probablemente lo guardé en el cajón de la ardilla". Siempre lanzaba una risita después de que decía el sobrenombre de su escondite secreto. Contenía todos los tesoros de mamá. Un broche para la solapa y un brazalete del desfile del Día de San Patricio en Hilton Head Island; un trozo de cuarzo rosa que había recibido como regalo en Dakota del Sur; conchas perfectas recogidas en Isla Sanibel, Florida; un llavero de una bota miniatura de L. L. Bean figuraban entre los muchos elementos que atestaban el cajón.

En una esquina encontramos una muñeca cabeza de melón de Norma hecha por Dwight, un trabajador de mantenimiento de un campamento en el que nos quedamos en Florida. Una tarde nos visitó como su *alter ego*, el "Sr. Jamaica", y le dio la muñeca de madera rústica hecha a su imagen y semejanza, con todo y los mechones rizados de cabello hechos de cordón gris, como muestra de su afecto. Fue la última noche de nuestra visita de tres semanas ahí, y me había preguntado antes si podía compartir con mamá una canción que había escrito para ella. Cuando entró en nuestra casa rodante esa noche, a todos nos sorprendió ver sus rastas. Por lo general, las llevaba recogidas pulcramente debajo de un gran gorro negro tejido que siempre usaba en el trabajo, pero eran tan largas que tocaban el piso alfombrado. Se sentó en el sofá frente a mamá y empezó a tocar la guitarra y a cantarle canciones de reggae como si Ramie y yo no estuviéramos presentes.

—Su viaje me ha conmovido hasta el fondo del corazón. Gracias —le dijo antes de marcharse.

Casi en el fondo del cajón de la ardilla de mamá encontramos un broche redondo grande que tenía estampadas las imágenes de Mickey Mouse y Goofy y las palabras "primera visita". ¿Cómo olvidar su primera visita al parque temático de Epcot en el Walt Disney World Resort ese enero? Recuerdo que pasé todo el día empujando su silla de ruedas por la atracción turística que a menudo ha sido llamada "feria mundial permanente". Estaba dividida en dos secciones: Future World, que consta de ocho pabellones, y World Showcase, cuyo tema se basa en once naciones del mundo.

Al final del paseo en el Spaceship Earth, mamá y yo creamos un video de caricaturas con fotografías de nuestras caras en los dos personajes principales. Aparecíamos navegando en un platillo volador futurista que también podía convertirse en una nave sumergible. Aunque no tenía pista de sonido, lo publicamos en la página de Facebook de mamá para el deleite de muchos de sus seguidores que querían verla en video. Ramie y yo todavía nos reímos de todos los artículos impresos y de internet que aseguraban que no sólo estábamos viajando por Estados Unidos, sino que también habíamos llevado a mamá a Alemania y a China. Al parecer, el personal de Disney había creado un fondo convincente que nos había permitido engañar a tanta gente.

En una pequeña bolsa de terciopelo, debajo de los dibujos de unos niños, encontramos la verdadera veta madre: tres frascos pequeños que contenía pepitas de oro diminutas suspendidas en agua. Ramie y yo notamos que dos de los frascos eran nuestros y que, de alguna manera, la ardilla se las había llevado para esconderlas en el cajón de mamá.

—¡Me preguntaba dónde había quedado el mío! —rio Ramie.

Recordamos con cariño el día que todos habíamos filtrado esos fragmentos en la mina de oro en Dahlonega, Georgia, más o menos a principios de abril. Habíamos aceptado una invitación de Dathan, el gerente general de la mina, a realizar un recorrido subterráneo personal y a probar nuestra suerte en el filtrado de oro.

Nunca olvidaré la resolución y determinación de mamá de caminar por todas las pendientes y escalones con los que nos topamos en nuestro trayecto de 800 metros. Incluso durante el descenso a más de noventa metros por debajo de la superficie, mamá no se amedrentó y sólo de vez en cuando se sentaba en la silla plegable que Dathan, muy considerado, había llevado al recorrido. Mamá era especialista nata en encontrar piedras, y esa experiencia en la mina me recordó las épocas en que yo era niño y nuestra familia pasaba las tardes de los fines de semana buscando fósiles en una cantera de piedra caliza cercana.

También encontramos un pequeño cuaderno de espiral que había sido el diario de mamá. En su interior había, página tras página, notas delicadamente escritas a mano sobre nuestro viaje. Ramie y yo la habíamos visto escribir en él con su lápiz durante todo el viaje, pero jamás le habíamos echado un vistazo y ella tampoco se había ofrecido a compartirlo nunca. Al ver su letra me puse triste y me dieron ganas de llorar.

—Vamos a guardarlo para leerlo en Baja California —propuso Ramie, ya que nuestra pérdida era todavía muy reciente. Tuve que admitir que tenía razón.

Guardamos el diario en un lugar seguro antes de continuar rumbo al sur.

* * *

Cruzamos la frontera entre Estados Unidos y México ese martes temprano, impacientes por avanzar la mayor cantidad de kilómetros siguiendo la autopista 1 de México hacia el sur hasta nuestro hogar de invierno en el Mar de Cortés. La península de Baja California, de casi mil trescientos kilómetros de largo, es la segunda más grande del planeta, e íbamos a recorrer más de tres cuartas partes de ella para llegar a nuestro destino. La carretera de dos carriles, sin acotamientos, ofrecía vistas espectaculares casi en cada curva; es un camino que marea ya que serpentea por las laderas de las montañas y volcanes apagados que forman la columna vertebral de la península.

Cuando disminuíamos la velocidad para pasar por los topes que aparecían a la entrada y salida de cada pequeño pueblo por el que pasábamos, me preguntaba qué habría pensado mamá de lo que veía afuera de la ventana. ¿Habría sentido lástima por las personas pobres que pedían limosna al lado de la carretera? ¿Habría querido detenerse para darles unas monedas? ¿Todos los nuevos paisajes, sonidos y olores habrían sido demasiado abrumadores para ella? Nunca lo sabré.

El desierto del Vizcaíno era el último tramo de la altiplanicie por el que pasamos antes de descender a la costa este de la península. Tuvimos que avanzar despacio por el pueblo minero de Santa Rosalía, que aún se estaba recuperando de un huracán reciente. Esquivamos baches enormes mientras pasábamos junto a vehículos arruinados que seguían enterrados entre los escombros de un alud. Nos estábamos acercando al último tramo antes de llegar a nuestro pedazo de paraíso.

El pequeño pueblo pesquero de Mulegé es lo más parecido a la civilización cerca de nuestro hogar en la playa. A lo largo de los años, Ramie y yo hemos entablado relaciones con muchos de sus 3,200 habitantes, algunos de ellos tenemos el honor de llamarlos amigos. De camino, siempre nos detenemos aquí a comprar víveres antes de recorrer los últimos kilómetros hasta Bahía Concepción y hoy no fue la excepción. Un tope grande frente al puesto de tacos de Mario nos facilitó detenernos y doblar a la izquierda para entrar en el polvoso estacionamiento. Fuimos a saludar a Mario y disfrutamos de un plato de tacos de pescado que él mismo había extraído del mar esa mañana. Nos sentamos debajo de un ficus gigante que cubría con su sombra las dos mesas de afuera y me afligió una gran tristeza.

—A mamá le habría encantado este lugar —le dije a Ramie mientras masticaba los rábanos frescos en mi plato. Ramie sólo estiró la mano y tocó la mía y juntos respiramos profundamente.

Al cruzar la calle principal del pueblo, nos topamos con Adolfo, que estaba barriendo la acera afuera de la tienda de recuerdos de su familia. Se puso muy contento una vez que nos reconoció en nuestra nueva camioneta y agitó la mano para saludarnos con una sonrisa dientona.

—Hola, amigos —gritó—. ¿De qué color? ¿Cuántos? ¡Casi gratis!

Me sentía bien de haber vuelto y pasar por calles estrechas y confusas de un solo sentido. Cerramos los espejos de la camioneta como medida preventiva.

Como de costumbre, tuvimos que visitar casi cada tienda para comprar todo lo que necesitábamos. Empecé a recuperar con rapidez mi comprensión del idioma español en cuanto saludé y charlé con los cajeros y las personas que nos encontramos en la calle.

Después de llenar algunos garrafones de cinco galones con agua potable, continuamos hacia el sur. Aunque visitaba la zona desde mediados de la década de 1990, una vez más me dejó atónito el paisaje que surgió cuando subimos la colina y, por primera vez, pude ver toda la Bahía Concepción que se extendía frente a nosotros. Bahías rocosas con playas de arena blanca bordean todo el litoral y media docena de islas pequeñas salpican sus aguas color turquesa. Es una vista verdaderamente impresionante por su belleza.

Estacionamos la camioneta fuera de la casita de estuco verde, a sólo unos pasos del mar, que iba a ser nuestro hogar durante el invierno.

Entramos por la puerta de vidrio corrediza y miramos a nuestro alrededor. Sentimos el enorme peso de la ausencia de mamá cuando vimos los dos dormitorios y la ducha accesible. Ahora que estábamos ahí, nos dimos cuenta de que había mucho más espacio del que necesitábamos. El segundo dormitorio, el que estaba destinado a mamá, tenía una litera doble. Ramie y yo reímos al imaginar a mamá subiendo a la parte de arriba de la litera sólo porque estaba ahí. Subí la escalera y me acosté en el colchón individual; una oleada de recuerdos del año pasado pasó por mi mente.

—Todavía no puedo creer que la hayamos subido a esa tirolesa —dije en voz alta para que Ramie pudiera oírme, mientras imaginaba a mamá deslizándose de la litera hacia el baño contiguo color amarillo canario. Estaba recordando cuando en Carolina del Norte se subió al artilugio casero que mi buen amigo Kevin había suspendido en lo alto de dos árboles—. Y todo lo captaron las cámaras del programa *Today*. ¡Increíble!

—Fue el mismo día que montó a caballo por primera vez —recordó Ramie—. Nunca olvidaré cuando sus guías le dijeron que se sentara derecha en la silla y echara los hombros para atrás.

—Es cierto —respondí. Los dos recordamos que, desde el otro lado del campo de equitación, estuvimos a punto de gritar: "¡No puede enderezar la espalda!", pero de algún modo lo hizo. Las mejillas se me volvieron a humedecer cuando pensé en ese logro. Las lágrimas salían de mis ojos todavía casi por cualquier motivo.

Ambos coincidimos en que a mamá le habrían encantado las formas artísticas hechas de conchas que colgaban de las paredes, los adornos de peces tropicales y tener un inodoro con mecanismo de descarga de agua. Habría recibido a sus visitantes en alguno de los dos patios exteriores y de seguro habría disfrutado de la admiración de personas que antes le eran desconocidas, a las que pronto las conmovería hasta la médula el amor que ella sentía por la vida. También habría recolectado más cosas que guardar en su cajón de la ardilla.

* * *

El vecindario era nuevo para nosotros y nuestra verdadera zona de confort se hallaba a poco más de tres kilómetros al sur, en una playa sin casas. Esperábamos encajar en la comunidad más convencional de ese lugar, así como había ocurrido en el campamento en la playa que frecuentábamos desde hace muchos años. Sólo el tiempo lo diría.

Mientras dormía la primera noche en una cama extraña, mamá, papá y Stacy se me aparecieron en mi sueño. Estaban volando juntos y Stacy fue la única en hablar.

—Oye, Timmy, mira esto —me dijo en una voz que reconocí—. Papá y yo logramos que mamá empezara a volar también. ¡Aprendió con rapidez! —toda mi familia se veía muy feliz hasta que yo, como a menudo sucede en mis sueños, empecé a volar espontáneamente también—. ¿Qué te pasa? —preguntó Stacy, enfadada—. Pensé que volar era sólo para los muertos —seguimos volando juntos un rato, antes de que los tres desaparecieran en el éter. Me sentí más pleno de amor que lo que nunca hubiera creído posible cuando desperté de este sueño vívido. Oí el romper de las olas en la playa por la ventana abierta y la claridad que recibí fue inspiradora. Entendí que el velo entre nuestros mundos era muy delgado y que la energía de nuestros seres amados nunca está lejos. Supe que podría superar mi sufrimiento.

* * *

Siempre hemos encontrado paz en nuestra rutina matutina en Baja California. Levantarnos al amanecer a remar en kayaks hacia donde sale del sol era algo que solíamos hacer todos los días y estábamos listos para reanudar esta actividad. La disciplina de Ramie en esta práctica me inspiró a seguir su ejemplo en nuestra primera mañana. A las ocho ya habíamos remado alrededor de una isla que se hallaba a casi dos kilómetros de la costa cuando nos detuvimos un momento para observar a un águila pescadora que se lanzó en picada a buscar su desayuno. El agua estaba tranquila y se tiñó de un matiz dorado a medida que el sol se fue asomando por las montañas que forman la península en la orilla oriental de la bahía. Tres delfines pasaron nadando, pero no se quedaron mucho tiempo. La lluvia y la niebla de la costa noroeste del Pacífico de Estados Unidos era ahora un recuerdo lejano.

Entonces lo oímos. El sonido de gaitas. "Amazing Grace" vibró por el agua en calma. Ambos dejamos de remar en nuestros kayaks y rompimos en llanto. Lloramos los cinco minutos completos que duró la canción, sabiendo que era Gary, transmitiendo desde un altavoz frente a su palapa de hojas de palma. Tocaba esta bella interpretación todos los días antes de informar sobre el estado del tiempo y las mareas en su radio de onda corta. Sentimos que ese día la estaba tocando para nosotros únicamente.

Después de nuestra estimulante salida a remar, tomamos un desayuno rápido de tamales recién hechos en casa, que Luli nos llevó, los cuales cubrió con una toalla tibia y húmeda para mantenerlos frescos. En seguida llevamos a Ringo a dar un largo paseo por el Sendero del Buen Corazón, al otro lado de la autopista frente a nuestra casita. Desde la parte más alta del camino alcanzamos a ver muchas bahías cercanas y playas para acampar, la mayoría desiertas porque apenas comenzaba la temporada. Nos entusiasmaba volver a entrar en contacto con nuestra gente, que llegaría constantemente en los próximos días, semanas y meses.

El primer día de nuestra nueva rutina nos cayó bien. Era un alivio saber que las cosas volverían—o podían volver— a la normalidad. Sin embargo, también sabía que las cosas no serían iguales jamás. Acabábamos de pasar el año más maravilloso de nuestras vidas. ¿Cómo sería seguir adelante después un año tan transformador, después de la pérdida de mi madre, a quien recién había tenido la oportunidad de conocer en realidad? No pude evitar preguntármelo. ¿Sentiría la serenidad que experimenté después de mi sueño con mamá, papá y Stacy? ¿Recordaría que no lo tenía todo resuelto? A la larga comprendí que sólo necesitaba vivir al día, como mamá había hecho.

Hacía mucho calor esa tarde, y lo primero que Ramie quiso hacer fue ir a "nadar en el azul", como decía nuestra querida amiga Glenna, una canadiense de casi ochenta años, que nunca deja pasar la oportunidad de nadar en las aguas perfectas de la Bahía Concepción. Ella había inspirado a Ramie a hacer lo mismo a lo largo de los años.

Aunque el agua era la primera prioridad de Ramie, la mía era recostarme en la hamaca que teníamos del lado sur de nuestra casa. Cuando Ramie volvió de nadar, se acurrucó en la hamaca junto a mí. Su cuerpo se sentía fresco en el calor de la tarde. Los altibajos del año pasado nos habían golpeado a los dos y estábamos exhaustos. Mientras Ringo refrescaba la panza en el patio de piedra, nosotros nos quedamos dormidos hasta la hora de la cena. Por fin tuvimos el descanso que ambos habíamos esperado tomar.

* * *

Al cabo de unas semanas más de esta rutina, ponernos al corriente con amigos y dormir siestas, muchas siestas, nos sentimos preparados para leer el diario de mamá. En ese momento, Nan y Steve, y también Mark, habían llegado a la playa y los invitamos a que nos acompañaran a cenar una noche en nuestra casita. Seríamos nosotros cinco, quienes habíamos estado en Friday Harbor, al final de la vida de mamá. Ahora éramos un grupo íntimo, unido por una inimaginable experiencia de vida, y todos nos sentíamos listos para recordar a mamá y leer su diario en voz alta, mientras comíamos tacos de pescado y bebíamos margaritas.

Ramie hojeó las páginas del cuaderno y empezó a leer. Me acomodé en el sillón, mientras compartía una entrada.

Domingo 29 de noviembre. Un poco nublado hoy. Fuimos a la ciudad a visitar el Museo de la Segunda Guerra Mundial. Me recibieron como si me conocieran de toda la vida. Estrechamos la mano de todo tipo de personas que me agradecieron por haber estado en el servicio.

—Tuve la impresión de que nuestra visita al Museo de la Segunda Guerra Mundial en Nueva Orleans fue la primera vez que tu mamá se sintió valorada por su servicio militar —comentó Ramie después de leer el pasaje.

Me pareció muy cierto, ya que nunca la había visto tan orgullosa como ese día. Había sido parte de una generación en extinción de veteranos que rara vez buscaban aprobación por sus sacrificios en esa guerra.

A continuación, fue mi turno. Hojeé un par de páginas para buscar algo con lo que me identificara. Leí:

Viernes 4 de marzo. Cayó una tormenta anoche, rayos y truenos. Hoy hace frío y el día está húmedo. Apenas unos 10 °C esta mañana. Salí a caminar. Tim y Ramie decidieron que querían cenar una hamburguesa, por lo que fuimos a un restaurante cercano. Conocí al dueño del lugar, llamado Big George. Un hombre negro grande, muy agradable. Tomó fotografías. También recibí una orquídea en mi plato. Comí espárragos, cangrejo y champiñones. Muy bueno. De postre comimos pastel de chocolate y caramelo. ¡No nos cobraron nada! Le pregunté a Tim: "Apuesto a que ahora te da gusto haberme traído, ¿verdad?".

Todos soltamos una carcajada.

—No puedo creer cómo describió a Big George —observó Nan. Todas las cabezas de nuestro círculo asintieron mientras seguíamos riendo.

Luego, me centré en el penúltimo renglón.

—A mamá le encantaba recibir cosas gratis, ¡de eso no tengo la menor duda! —dije—. También le encantaba usar esa frase de que nos daba gusto haberla llevado —recordé y sonreí al pensar en todas las veces que la había oído decirla.

Pasamos el cuaderno en espiral azul de una persona a otra en el sentido de las agujas del reloj. Nan hizo una pausa unos momentos para leer una entrada en silencio y luego soltó una alegre carcajada cuando la compartió con el resto de nosotros.

Martes 22 de marzo. Frío y soleado. Hoy vamos a Charleston y nos vamos a quedar ahí hasta el jueves. Tardamos unas dos horas en llegar. Nos hospedamos en el mejor hotel de la ciudad. Estoy en la sweet presidencial. Una estancia con una mesa de comedor para entre ocho y doce personas. Un pequeño bar con fregadero, medio baño, dormitorio, vestidor y baño con ducha y bañera. Ramie y Tim están al fondo del pasillo en su propia habitación con Ringo. Bebimos una copa de champaña cuando llegamos. Siempre estamos comiendo.

—Me encanta cómo escribió "sweet", como dulce, en vez de suite —señaló Nan.

Era evidente que las instalaciones del hotel donde nos quedamos le habían impresionado a mi mamá durante nuestra visita a la "Ciudad Santa". No sabía si el error había sido un juego de palabras deliberado de mi madre, pero igual me causó risa.

Nan le pasó el diario a Steve, que leyó:

Domingo 15 de mayo. Nublado y frío hoy. Íbamos a ir al estacionamiento de L. L. Bean, pero cambiamos de opinión y mejor fuimos a un campamento para asear la casa rodante y lavar algo de ropa. Una escolta de la policía nos acompañó para salir de la ciudad con luces y sirenas. Muchos vecinos salieron a despedirnos.

—Un momento, tengo que leer el siguiente también —exclamó cuando cierta palabra le llamó la atención.

Lunes 16 de mayo. Hace frío hoy en Maine, estamos en Freeport. Creo que nos vamos a mudar al estacionamiento de L. L. Bean. Entré a la tienda a hacer algunas compras. Me compré una chaqueta nueva, unos pantalones beige y una nueva blusa para ir a México. Volvimos al campamento. Hace demasiado frío para salir a caminar.

—De verdad quería venir a Baja California —dije, reprimiendo las lágrimas—. Marky, es tu turno —tomé el cuaderno de las manos de Steve y se lo pasé en seguida a Mark, tratando de mantener la compostura.

Mark se aclaró la garganta y hojeó las páginas con dramatismo.

—Eh, mmm —comenzó.

Domingo 27 de septiembre. En calma hoy. Fuimos a Boulder y conocí a Suzanne y luego fuimos a la compañía de té Celestial Seasonings. Hicimos una visita guiada por el lugar, muy lindo. Ramie me tomó una fotografía con el oso grande de peluche. Paseamos por Boulder y Tim me empujó en mi silla de ruedas. Nos detuvimos en una tienda de marihuana. ¡En serio! Compré una crema para la pierna y luego regresamos.

Las carcajadas resonaron en la pequeña sala.

—¡Me mata de risa! Me preguntó si habrá vuelto a mencionar el consumo de marihuana en alguna otra parte en su diario —exclamó de pronto Ramie.

Evoqué ese día de otoño en las Rocallosas de Colorado cuando los límites entre nosotros empezaron a derrumbarse.

El diario de mamá no era interminable porque ella nunca fue muy expresiva. El cuaderno contenía oraciones sencillas que describían el día y algunas reflexiones dispersas. Registró el tiempo que pasamos juntos desde que nos quedamos atascados en el puente Mackinac hasta cuando tocó una piedra lunar en el Centro Espacial Kennedy, pasando por su primera pedicura con esmalte y cuando se quedó despierta hasta tarde para el final del Super Bowl comiendo alitas calientes y coctel de camarones.

Continuamos leyendo y reímos, lloramos y recordamos los grandes sucesos que había narrado, como el paseo en globo aerostático, y los pequeños detalles, sólo una nota sobre el tiempo, que había leído un libro todo el día o que Ringo había descansado el mentón en su regazo cuando salimos a dar un paseo en auto por las montañas.

Hubo muchos días el año pasado que nos preguntamos si estaríamos haciendo lo suficiente por mamá. Claro que algunos días habían sido muy emocionantes, pero otros no habían sido lo que se dice terriblemente interesantes. Al leer su diario, nos dimos cuenta de cuánta alegría había encontrado en las pequeñas cosas: peinados y visitantes, ver un conejito en el camino, resolver un crucigrama con Ramie, o comprar nuevas tarjetas postales que enviar por correo a casa.

Ramie miró el diario y leyó otra entrada.

—¿Recuerdas esto, Timmy? Fue el "Día de la Langosta".

Martes 24 de mayo. Parcialmente soleado, 14 °C. Tim y Ramie fueron a dar una larga caminata. Cuando volvieron, salí a caminar por los alrededores. Antes de la cena, Tim hizo una buena fogata mientras preparaba langosta para cenar.

Recordé los últimos días de papá y no tardé en darme cuenta de que cualquier cosa que hayamos hecho por mamá era cien veces mejor que lo que él pasó en el hospital. Salir a caminar, sentarse junto al fuego y comer langosta en platos de papel parecía extraordinario en comparación con esa otra alternativa.

—Anda, Timmy, escucha esto —dijo Ramie cuando volvió a ser su turno.

> *10 de septiembre. Hace frío y los álamos temblones se están poniendo amarillos. Empezamos alrededor de las 10 de la mañana y fuimos al lago Jenny. Había mucha gente, así que tuvimos que esperar un rato. Conseguí un asiento en el fondo del barco. Me quité el sombrero para que no se lo llevara el viento. Un hombre agradable nos contó todo sobre las montañas que rodean el lago. Cuando volvimos, dimos un paseo por la orilla del lago y almorzamos cerca del agua. Fuimos a Jackson a comprar víveres y regresamos a casa. Vi muchos bisontes y algunos berrendos. Todos estábamos un poco exhaustos y decidimos sentarnos un rato a tomar una cerveza.*

—Recuerdo que desde septiembre empezó a hablar de la casa rodante y el campamento como su "casa" —comentó Ramie, pensativa—. Siempre esperé que se sintiera como en su casa.

Llegó el turno de Nan. Tomó el diario y lo hojeó un poco; se detuvo casi al final. Leyó en voz alta:

> *Jueves 9 de junio. Soleado y fresco, 14 °C. Anoche me dio frío. Hoy vamos camino a Pittsburgh. Patti vino a recogernos. Vimos muchos lugares. Bajé y subí en el funicular. Comimos unos biscottis, maíz con caramelo, almorzamos y volvimos. Alrededor de las ocho de la noche, Ringo se puso malo y Ramie y Tim tuvieron que*

llevarlo al veterinario. Fue algo del estómago que se le torció. Lo
operaron. Todo está bien. Hoy por la noche, la Copa Stanley.

—¡¿Qué dices?! —gritó Ramie y me miró. Ninguno de los dos
podía creer lo que acabábamos de oír. Todas las entradas del
diario hasta ese momento estaban perfectamente alineadas
con nuestros recuerdos de esos días. Pero ésta no—. ¿En serio
pensó que todo estaba bien? No hubo nada que estuviera bien
esa noche —Ramie relató al grupo su versión de esa noche y
resaltó las enormes diferencias con el recuento de mamá de
aquella noche que pasamos en vela, nuestro miedo y angustia, nuestro horror.

Entonces tomó el diario de las manos de Nan y en silencio, durante unos minutos, miró la página que mamá había
escrito sobre la operación de Ringo.

—Es una perfecta ilustración de cuánto más preparada estaba que nosotros para tomar las cosas con calma —musitó Ramie—. La verdad es que al final todo salió bien. ¿Cómo lo supo?

Unos momentos después, Steve encontró una entrada
que parecía haber estado buscando.

—Aquí está —anunció—. El otro árbol.

Viernes 25 de marzo. Hoy me corté el pelo. Ya lo necesitaba. Por
la tarde fuimos a Bluffton y conocimos a muchas personas, en-
tre ellas el alcalde y ayudamos a plantar un algarrobo en honor a
Leo. Lo sembramos en un parque infantil y tendrá una placa con
el nombre de Leo. Esto fue en conmemoración de todos los árbo-
les que Leo plantó en su vida. Pasamos al centro comercial y me
compré ropa nueva.

—Mamá y su ropa nueva —reí—. No dejaba pasar una oportunidad para actualizar su estilo. De hecho, fuimos de compras

antes de plantar el árbol porque sabía que aparecería en las noticias de la noche y quería verse bien.

—Ése fue uno de los días más conmovedores del viaje —añadió Ramie—. Ese árbol estará ahí para siempre, al igual que el arce japonés que plantamos con ustedes en el Overlook Park en Friday Harbor celebrando la vida de Norma .

—Es genial que ambos árboles abarquen todo el país, desde Carolina del Sur en el suroeste hasta Washington en el noroeste —interpuso Nan; sus comentarios contribuyeron a la atmósfera cálida de la habitación—. Forman un puente de amor, alegría y aventura que será alimentado para siempre.

—Su energía perdura en esos árboles —reflexionó Mark; su conexión con el mundo natural siempre estaba en primer plano—. Serán una piedra de toque espiritual para muchos.

—Saben, tienen razón —coincidí—. Estos árboles ya han sido visitados por personas de todas partes. Nos mandan fotografías y las publican en sus páginas de Facebook. La gente los busca. Hemos recibido informes de que ambos sobrevivieron a tormentas violentas en sus jóvenes vidas, incluso recibimos un mensaje de una trabajadora de un asilo para ancianos del Reino Unido que viajó a DuBois Park para visitar el árbol de papá mientras pasaba sus vacaciones en las tierras bajas de Carolina del Sur. Es asombroso. La amplitud y profundidad de su historia a veces nos sorprende. Estos árboles permitirán que los espíritus de mamá y papá continúen viviendo, que tengan un lugar de referencia, como dijo Marky, una piedra de toque. Estamos muy agradecidos y abrumados por todo el amor y la hospitalidad que hemos recibido.

* * *

Cuando mi hermana Stacy vivía tuvo una visión. Se iba a jubilar a los cincuenta años, compraría una pequeña granja de caballos a las afueras de Asheville, Carolina del Norte, y su residencia incluiría también una casa de huéspedes para mamá y papá, equipada con lo necesario y con mecedoras en el porche. Ellos se mudarían con ella y Stacy los cuidaría. Estaba decidido.

Pero Stacy no sobrevivió. Murió a los cuarenta y cuatro años de cáncer en la lengua.

Más que cualquier otra cosa, su muerte me enseñó que la vida es corta. Podemos repetir estas palabras una y otra vez, pero no necesariamente asimilar la idea. La realidad es que ninguno de nosotros sabe cuánto tiempo vivirá ni qué tan corta será su vida. A alguien como mi madre le pueden dar una sentencia de muerte implícita sólo para sorprenderla, pero sus últimos días duran más de lo que cualquiera hubiera esperado. Alguien puede posponer las alegrías de la vida sólo para morir demasiado pronto y mucho tiempo antes de que sus sueños se materializaran.

Es algo trillado, pero cierto: lo único que tenemos es el momento que vivimos aquí y ahora. No importa dónde nos encontremos, ese ahora puede estar repleto de belleza, alegría, amor y posibilidad. Mamá es la prueba viviente de eso.

A lo largo de nuestra estancia en Baja California, Ramie y yo leímos todo el diario. Al final, lo más extraordinario que descubrimos no fue lo que contenía, sino lo que faltaba. No escribió una sola palabra sobre el cáncer o la fama, los dos grandes temas del viaje para nosotros. No escribió nada respecto a salir en la televisión o a ser reconocida en las calles. No escribió absolutamente nada sobre el miedo a morir o a la enfermedad. En cambio, escribió sobre la vida, sobre disfrutar de las cosas pequeñas que le producían felicidad: una silla de ruedas resistente y alguien que la empujara; ver a la cabra y a sus cabritos; las galletas y los bizcochos de hierbabuena; que le hicieran una buena permanente en el cabello; un gorro de Santa Claus y una barra nueva de jabón; y comida para disfrutar todo el tiempo con familiares, amigos y su leal compañero, Ringo.

Sin duda, atrajo lo que a ella más le importaba: la alegría engendra alegría, el amor engendra amor y la paz engendra paz. En cada sonrisa, cada cara bobalicona, cada escala en el mapa, aprendimos mucho de ella. Estoy muy agradecido por no haberme privado de la oportunidad de conocer a mi madre. En última instancia, me enseñó a decir "¡Sí!" a la vida.

Agradecimientos

Hay momentos en la vida en que el azar se hace cargo.

Poco después de que murió la amada abuela de Colleen Martell, nuestra página de Facebook El viaje de Norma apareció en su vida. Al igual que muchas otras personas, envió una nota conmovedora para compartir su dolor con nosotros. Sin embargo, su breve mensaje cambiaría nuestras vidas para siempre. Colleen tiene el don de reconocer una buena historia y nos alentó a escribir la nuestra. Con el tiempo llegó a ser nuestra editora, mentora, orientadora y animadora cuando escribimos nuestro primer libro. Seguramente no esperaba convertirse también en nuestra terapeuta y confidente, pero lloró con nosotros hasta los últimos capítulos cuando Norma, al mismo tiempo, estaba agonizando y a punto de exhalar su último aliento. Estamos muy agradecidos con ella por haber aparecido en nuestras vidas.

No sabíamos qué hacía en realidad un agente literario hasta que nos presentaron a una de las mejores. Stephanie Tade ha sido nuestra "inspiradora en jefe" a lo largo de todo el proceso de escribir el libro, y nos convenció de que el mundo necesitaba leer nuestra sencilla historia. Mientras corríamos por las calles de la ciudad de Nueva York con Stephanie de una casa editorial a otra, recibimos un curso intensivo del mundo literario, así como una lección de pasión y confianza en el proceso. Aunque íbamos a emprender algo que nos era totalmente desconocido, nunca dudamos de que nos apoyaba la mejor agente del mundo.

Miles de personas escribieron para decirnos que deberíamos escribir nuestra historia en un libro, pero fue Julia Pastore de HarperOne la que dijo: "Tienen razón". Julia nos dio la confianza para poner manos a la obra y plasmarla por escrito, y su perspicacia, compasión y realimentación continua durante el proceso de escritura, fueron nuestra estrella polar. Le damos las gracias por todo ello y por su entusiasmo inquebrantable.

Sin las mujeres antes mencionadas, no habría libro. Sin los cientos de miles de admiradores de Norma, no habría historia. Los vínculos humanos que establecimos por medio de nuestra página de Facebook superan nuestros sueños más descabellados. Seguimos recibiendo mensajes de apoyo, aliento y bondad, así como, de vez en cuando, alguna invitación a comer pastel y tomar cerveza.

Durante los mejores momentos, nuestros nuevos amigos volaron con nosotros y, en las épocas difíciles, se quedaron a nuestro lado. El amor que recibimos de todo el mundo nos ha animado y mantenido a flote de manera increíble y nos sentimos eternamente agradecidos por ello.

Esta obra se imprimió y encuadernó
en el mes de septiembre de 2017,
en los talleres de Impregráfica Digital, S.A. de C.V.,
Calle España 385, Col. San Nicolás Tolentino,
C.P. 09850, Iztapalapa, Ciudad de México.